The Plays of Terence

Publius Terentius Afer

The Plays of Terence
Copyright 2013 © Jiahu Books
First Published in Great Britain in 2013 by Jiahu Books – part of
Richardson-Prachai Solutions Ltd, Egerton Gate, Milton Keynes,
MK5 7HH
ISBN: 978-1-909669-99-4
Conditions of sale
A CIP catalogue record for this book is available from the British
Library.
Visit us at: **jiahubooks.co.uk**

ANDRIA   5

HECYRA   36

EVNVCHVS   63

PHORMIO   97

HEAVTON TIMORVMENOS   127

ADELPHOE   159

ANDRIA

DIDASCALIA

INCIPIT ANDRIA TERENTI
ACTA LVDIS MEGALENSIBVS
M. FVLVIO M'. GLABRIONE AEDILIB. CVRVLIB.
EGERE L. AMBIVIVS TVRPIO L. HATILIVS PRAENESTINVS
MODOS FECIT FLACCVS CLAVDI
TIBIS PARIBVS TOTA
GRAECA MENANDRV
FACTA PRIMA
M. MARCELLO C. SVLPICIO COS.

PERSONAE
PROLOGUS
SIMO SENEX
SOSIA LIBERTVS
DAVOS SERVOS
MYSIS ANCILLA
PAMPHILVS ADVLESCENS
CHARINVS ADVLESCENS
BYRRIA SERVOS
LESBIA OBSTETRIX
GLYCERIVM MVLIER
CHREMES SENEX
CRITO SENEX
DROMO LORARIVS
PERIOCHA
G. SVLPICI APOLLINARIS

Sororem falso creditam meretriculae
Genere Andriae, Glycerium, uitiat Pamphilus
Grauidaque facta dat fidem, uxorem sibi
Fore hanc; namque aliam pater ei desponderat,

Gnatam Chremetis, atque ut amorem comperit,
Simulat futuras nuptias, cupiens suus
Quid haberet animi filius cognoscere.
Daui suasu non repugnat Pamphilus.
Sed ex Glycerio natum ut uidit puerulum
Chremes, recusat nuptias, generum abdicat.
Mox Pamphilo, aliam dat Charino coniugem.

PROLOGVS

Poeta quom primum animum ad scribendum adpulit,
id sibi negoti credidit solum dari,
populo ut placerent quas fecisset fabulas.
verum aliter evenire multo intellegit;
nam in prologis scribundis operam abutitur,   5
non qui argumentum narret sed qui malevoli
veteris poetae maledictis respondeat.
nunc quam rem vitio dent quaeso animum adtendite.
Menander fecit Andriam et Perinthiam.
qui utramvis recte norit ambas noverit: 10
non ita dissimili sunt argumento, [s]et tamen
dissimili oratione sunt factae ac stilo.
quae convenere in Andriam ex Perinthia
fatetur transtulisse atque usum pro suis.
id isti vituperant factum atque in eo disputant   15
contaminari non decere fabulas.
faciuntne intellegendo ut nil intellegant?
qui quom hunc accusant, Naevium Plautum Ennium
accusant quos hic noster auctores habet,
quorum aemulari exoptat neglegentiam   20
potius quam istorum obscuram diligentiam.
de(h)inc ut quiescant porro moneo et desinant
male dicere, malefacta ne noscant sua.
favete, adeste aequo animo et rem cognoscite,
ut pernoscatis ecquid <spei> sit relicuom,   25
posthac quas faciet de integro comoedias,
spectandae an exigendae sint vobis prius.

ACTVS I

Simo Sosia
SI. Vos istaec intro auferte: abite.-- Sosia,
ades dum: paucis te volo. **SO.** dictum puta:
nempe ut curentur recte haec? **SI.** immo aliud. **SO.** quid est   30
quod tibi mea ars efficere hoc possit amplius?
SI. nil istac opus est arte ad hanc rem quam paro,
sed eis quas semper in te intellexi sitas,
fide et taciturnitate. **SO.** exspecto quid velis.
SI. ego postquam te emi, a parvolo ut semper tibi   35
apud me iusta et clemens fuerit servitus
scis. feci ex servo ut esses libertus mihi,
propterea quod servibas liberaliter:
quod habui summum pretium persolvi tibi.
SO. in memoria habeo. **SI.** haud muto factum. **SO.** gaudeo   40
si tibi quid feci aut facio quod placeat, Simo,
et id gratum <fui>sse advorsum te habeo gratiam.
sed hoc mihi molestumst; nam istaec commemoratio
quasi exprobratiost inmemoris benefici.
quin tu uno verbo dic quid est quod me velis.   45
SI. ita faciam. hoc primum in hac re praedico tibi:
quas credis esse has non sunt verae nuptiae.
SO. quor simulas igitur? **SI.** rem omnem a principio audies:
<eo> pacto et gnati vitam et consilium meum
cognosces et quid facere in hac re te velim.   50
nam is postquam excessit ex ephebis, Sosia, <et>
~liberius vivendi fuit potestas~ (nam antea
qui scire posses aut ingenium noscere,
dum aetas metus magister prohibebant? **SO.** itast.)
SI. quod plerique omnes faciunt adulescentuli,   55
ut animum ad aliquod studium adiungant, aut equos
alere aut canes ad venandum aut ad philosophos,
horum ille nil egregie praeter cetera
studebat et tamen omnia haec mediocriter.
gaudebam. **SO.** non iniuria; nam id arbitror   60
adprime in vita esse utile, ut nequid nimis.
SI. sic vita erat: facile omnis perferre ac pati;
cum quibus erat quomque una is sese dedere,
<eo>rum obsequi studiis, adversus nemini,

numquam praeponens se illis; ita ut facillume   65
sine invidia laudem invenias et amicos pares.
SO. sapienter vitam instituit; namque hoc tempore
obsequium amicos, veritas odium parit.
SI. interea mulier quaedam abhinc triennium
ex Andro commigravit huc viciniae,   70
inopia et cognatorum neglegentia
coacta, egregia forma atque aetate integra.
SO. ei, vereor nequid Andria adportet mali!
SI. primo haec pudice vitam parce ac duriter
agebat, lana ac tela victum quaeritans;   75
sed postquam amans accessit pretium pollicens
unus et item alter, ita ut ingeniumst omnium
hominum ab labore proclive ad lubidinem,
accepit condicionem, de(h)inc quaestum occipit.
qui tum illam amabant forte, ita ut fit, filium   80
perduxere illuc, secum ut una esset, meum.
egomet continuo mecum "certe captus est:
habet". observabam mane illorum servolos
venientis aut abeuntis: rogitabam "heus puer,
dic sodes, quis heri Chrysidem habuit?" nam Andriae   85
illi id erat nomen. **SO.** teneo. **SI.** Phaedrum aut Cliniam
dicebant aut Niceratum; ~nam i tres tum simul~
amabant. "eho quid Pamphilus?" "quid? symbolam
dedit, cenavit." gaudebam. item alio die
quaerebam: comperibam nil ad Pamphilum   90
quicquam attinere. enimvero spectatum satis
putabam et magnum exemplum continentiae;
nam qui cum ingeniis conflictatur ei(u)s modi
neque commovetur animus in ea re tamen,
scias posse habere iam ipsum <suae> vitae modum.   95
quom id mihi placebat tum uno ore omnes omnia
bona dicere et laudare fortunas meas,
qui gnatum haberem tali ingenio praeditum.
quid verbis opus est? hac fama inpulsus Chremes
ultro ad me venit, unicam gnatam suam   100
cum dote summa filio uxorem ut daret.
placuit: despondi. hic nuptiis dictust dies.
SO. quid obstat quor non verae fiant? **SI.** audies.
ferme in diebu' paucis quibus haec acta sunt

8

Chrysis vicina haec moritur. **SO.** o factum bene!   105
beasti; <ei> metui a Chryside. **SI.** ibi tum filius
cum illis qui amabant Chrysidem una aderat frequens;
curabat una funu'; tristis interim,
nonnumquam conlacrumabat. placuit tum id mihi.
sic cogitabam "hic parvae consuetudinis   110
causa huiu' mortem tam fert familiariter:
quid si ipse amasset? quid hic mihi faciet patri?"
haec ego putabam esse omnia humani ingeni
mansuetique animi officia. quid multis moror?
egomet quoque eiu' causa in funus prodeo,   115
nil suspicans etiam mali. **SO.** hem quid id est? **SI.** scies.
ecfertur; imus. interea inter mulieres
quae ibi aderant forte unam aspicio adulescentulam
forma . . **SO.** bona fortasse. **SI.** et voltu, Sosia,
adeo modesto, adeo venusto ut nil supra.   120
quia tum mihi lamentari praeter ceteras
visast et quia erat forma praeter ceteras
honesta ac liberali, accedo ad pedisequas,
quae sit rogo: sororem esse aiunt Chrysidis.
percussit ilico animum. attat hoc illud est,   125
hinc illae lacrumae, haec illast misericordia.
SO. quam timeo quorsum evadas! **SI.** funus interim
procedit: sequimur; ad sepulcrum venimus;
in ignem inpositast; fletur. interea haec soror
quam dixi ad flammam accessit inprudentius,   130
sati' cum periclo. ibi tum exanimatus Pamphilus
bene dissimulatum amorem et celatum indicat:
adcurrit; mediam mulierem complectitur:
"mea Glycerium," inquit "quid agis? quor te is perditum?"
tum illa, ut consuetum facile amorem cerneres,   135
reiecit se in eum flens quam familiariter!
SO. quid ais? **SI.** redeo inde iratus atque aegre ferens;
nec satis ad obiurgandum causae. diceret
"quid feci? quid commerui aut peccavi, pater?
quae sese in ignem inicere voluit, prohibui   140
servavi." honesta oratiost. **SO.** recte putas;
nam si illum obiurges vitae qui auxilium tulit,
quid facias illi qui dederit damnum aut malum?
SI. venit Chremes postridie ad me clamitans:

indignum facinu'; comperisse Pamphilum   145
pro uxore habere hanc peregrinam. ego illud sedulo
negare factum. ille instat factum. denique
ita tum discedo ab illo, ut qui se filiam
neget daturum. **SO.** non tu ibi gnatum . . ? **SI.** ne haec quidem
sati' vehemens causa ad obiurgandum. **SO.** qui? cedo.   150
SI. "tute ipse his rebu' finem praescripsti, pater:
prope adest quom alieno more vivendumst mihi:
sine nunc meo me vivere interea modo."
SO. qui igitur relictus est obiurgandi locus?
SI. si propter amorem uxorem nolet ducere: 155
ea primum ab illo animum advortenda iniuriast;
et nunc id operam do, ut per falsas nuptias
vera obiurgandi causa sit, si deneget;
simul sceleratu' Davo' siquid consili
habet, ut consumat nunc quom nil obsint doli;   160
quem ego credo manibu' pedibu'que obnixe omnia
facturum, magis id adeo mihi ut incommodet
quam ut obsequatur gnato. **SO.** quapropter? **SI.** rogas?
mala mens, malus animu'. quem quidem ego si sensero . .
sed quid opust verbis? sin eveniat quod volo,   165
in Pamphilo ut nil sit morae, restat Chremes
cui mi expurgandus est: et spero confore.
nunc tuomst officium has bene ut adsimules nuptias,
perterrefacias Davom, observes filium
quid agat, quid cum illo consili captet. **SO.** sat est: 170
curabo. **SI.** eamu' nunciam intro: i prae, sequar.
Simo Davos
SI. Non dubiumst quin uxorem nolit filius;
ita Davom modo timere sensi, ubi nuptias
futuras esse audivit. sed ipse exit foras.
DA. mirabar hoc si sic abiret et eri semper lenitas   175
verebar quorsum evaderet.
qui postquam audierat non datum iri filio uxorem suo,
numquam quoiquam nostrum verbum fecit neque id aegre tulit.
SI. at nunc faciet neque, ut opinor, sine tuo magno malo.
DA. id voluit nos sic necopinantis duci falso gaudio,   180
sperantis iam amoto metu, interoscitantis opprimi,
ne esset spatium cogitandi ad disturbandas nuptias:
astute. **SI.** carnufex quae loquitur? **DA.** erus est neque provideram.

SI. Dave. **DA.** hem quid est? **SI.** eho dum ad me. **DA.** quid hic volt?
   SI. quid ais? **DA.** qua de re? **SI.** rogas?
<meu>m gnatum rumor est amare. **DA.** id populu' curat scilicet. 185
SI. hoccin agis an non? **DA.** ego vero istuc. **SI.** sed nunc ea me
exquirere
iniqui patris est; nam quod ant(e)hac fecit nil ad me attinet.
dum tempus ad eam rem tulit, sivi animum ut expleret suom;
nunc hic d<ie>s aliam vitam defert, alios mores postulat:
de(h)inc postulo sive aequomst te oro, Dave, ut redeat iam in viam.190
hoc quid sit? omnes qui amant graviter sibi dari uxorem ferunt.
DA. ita aiunt. **SI.** tum siquis magistrum cepit ad eam rem inprobum,
ipsum animum aegrotum ad deteriorem partem plerumque adplicat.
DA. non hercle intellego. **SI.** non? hem. **DA.** non: Davo' sum, non
Oedipus.
SI. nempe ergo aperte vis quae restant me loqui? **DA.** sane quidem.195
SI. si sensero hodie quicquam in his te nuptiis
fallaciae conari quo fiant minus,
aut velle in <ea> re ostendi quam sis callidus,
verberibu' caesum te in pistrinum, Dave, dedam usque ad necem,
ea lege atque omine ut, si te inde exemerim, ego pro te molam. 200
quid, hoc intellexti[n]? an nondum etiam ne hoc quidem? **DA.** immo
callide:
ita aperte ipsam rem modo locutu's, nil circum itione usus es.
SI. ubivis faciliu' passu' sim quam in hac re me deludier.
DA. bona verba, quaeso! **SI.** inrides? nil me falli'. sed dico tibi:
ne temere facias; neque tu haud dicas tibi non praedictum: cave! 205

Davos

Enimvero, Dave, nil locist segnitiae neque socordiae,
quantum intellexi modo senis sententiam de nuptiis:
quae si non astu providentur, me aut erum pessum dabunt.
nec quid agam certumst, Pamphilumne adiutem an auscultem seni.
si illum relinquo, ei(u)s vitae timeo; sin opitulor, hui(u)s minas, 210
quoi verba dare difficilest: primum iam de amore hoc comperit;
me infensu' servat nequam faciam in nuptiis fallaciam.
si senserit, perii: aut si lubitum fuerit, causam ceperit
quo iure quaque iniuria praecipitem [me] in pistrinum dabit.
ad haec mala hoc mi accedit etiam: haec Andria,   215
si[ve] ista uxor sive amicast, gravida e Pamphilost.
audireque <eo>rumst operae pretium audaciam
(nam inceptiost amentium, haud amantium):

quidquid peperisset decreverunt tollere.
et fingunt quandam inter se nunc fallaciam   220
civem Atticam esse hanc: "fuit olim quidam senex
mercator; navim is fregit apud Andrum insulam;
is obiit mortem." ibi tum hanc eiectam Chrysidis
patrem recepisse orbam parvam. fabulae!
miquidem hercle non fit veri simile; atque ipsis commentum
placet.   225
sed Mysis ab ea egreditur. at ego hinc me ad forum ut
conveniam Pamphilum, ne de hac re pater inprudentem opprimat.

Mysis

Audivi, Archylis, iamdudum: Lesbiam adduci iubes.
sane pol illa temulentast mulier et temeraria
nec sati' digna quoi committas primo partu mulierem.   230
tamen eam adducam? inportunitatem spectate aniculae
quia compotrix eius est. di, date facultatem obsecro
huic pariundi atque illi in aliis potiu' peccandi locum.
sed quidnam Pamphilum exanimatum video? vereor quid siet.
opperiar, ut sciam num quid nam haec turba tristitiae adferat. 235

Pamphilvs Mysis

PA. Hoccinest humanum factu aut inceptu? hoccin[est] officium
patris?
MY. quid illud est? PA. pro d<eu>m fidem quid est, si haec non
contumeliast?
uxorem decrerat dare sese mi hodie: nonne oportuit
praescisse me ante? nonne priu' communicatum oportuit?
MY. miseram me, quod verbum audio!   240
PA. quid? Chremes, qui denegarat se commissurum mihi
gnatam <sua>m uxorem, id mutavit quia me inmutatum videt?
itane obstinate operam dat ut me a Glycerio miserum abstrahat?
quod si fit pereo funditus.
adeon hominem esse invenustum aut infelicem quemquam ut ego
sum!   245
pro deum atque hominum fidem!
nullon ego Chremeti' pacto adfinitatem effugere potero?
quot modis contemptu' spretu'! facta transacta omnia. hem
repudiatu' repetor. quam ob rem? nisi si id est quod suspicor:
aliquid monstri alunt: ea quoniam nemini obtrudi potest, 250
itur ad me. MY. oratio haec me miseram exanimavit metu.
PA. nam quid ego dicam de patre? ah

tantamne rem tam neglegenter agere! praeteriens modo
mi apud forum "uxor tibi ducendast, Pamphile, hodie" inquit: "para,
abi domum." id mihi visust dicere "abi cito ac suspende
te."   255
obstipui. censen me verbum potuisse ullum proloqui? aut
ullam causam, ineptam saltem falsam iniquam? obmutui.
quod si ego rescissem id priu', quid facerem siquis nunc me roget:
aliquid facerem ut hoc ne facerem. sed nunc quid primum exsequar?
tot me inpediunt curae, quae meum animum divorsae trahunt: 260
amor, misericordia huiu', nuptiarum sollicitatio,
tum patri' pudor, qui me tam leni passus est animo usque adhuc
quae m<eo> quomque animo lubitumst facere. <ei>ne ego ut
advorser? ei
mihi! incertumst quid agam. **MY.** misera timeo "incertum" hoc quorsus
accidat.
sed nunc peropust aut hunc cum ipsa aut de illa aliquid me advorsum
hunc loqui: 265
dum in dubiost animu', paullo momento huc vel illuc impellitur.
PA. quis hic loquitur? Mysis, salve. **MY.** o salve, Pamphile. **PA.** quid
agit?
   MY. rogas?
laborat e dolore atque ex hoc misera sollicitast, diem
quia olim in hunc sunt constitutae nuptiae. tum autem hoc timet,
ne deseras se. **PA.** hem egone istuc conari queam?   270
egon propter me illam decipi miseram sinam,
quae mihi suom animum atque omnem vitam credidit,
quam ego animo egregie caram pro uxore habuerim?
bene et pudice ei(u)s doctum atque eductum sinam
coactum egestate ingenium inmutarier?   275
non faciam. **MY.** haud verear si in te solo sit situm;
sed vim ut queas ferre. **PA.** adeon me ignavom putas,
adeon porro ingratum aut inhumanum aut ferum,
ut neque me consuetudo neque amor neque pudor
commoveat neque commoneat ut servem fidem?   280
MY. unum hoc scio, hanc meritam esse ut memor esses sui.
PA. memor essem? o Mysis Mysis, etiam nunc mihi
scripta illa dicta sunt in animo Chrysidis
de Glycerio. iam ferme moriens me vocat:
accessi; vos semotae: nos soli: incipit   285
"mi Pamphile, huiu' formam atque aetatem vides,

nec clam te est quam illi nunc utraeque inutiles
et ad pudicitiam et ad rem tutandam sient.
quod ego per hanc te dexteram [oro] et genium tuom,
per tuam fidem perque huiu' solitudinem   290
te obtestor ne abs te hanc segreges neu deseras.
si te in germani fratri' dilexi loco
sive haec te solum semper fecit maxumi
seu tibi morigera fuit in rebus omnibus,
te isti virum do, amicum tutorem patrem;   295
bona nostra haec tibi permitto et tuae mando fide[i]."
hanc mi in manum dat; mors continuo ipsam occupat.
accepi: acceptam servabo. **MY.** ita spero quidem.
PA. sed quor tu abis ab illa? **MY.** obstetricem accerso. **PA.** propera.
   atque audin?
verbum unum cave de nuptiis, ne ad morbum hoc etiam . . **MY.** teneo.
                                         300

ACTVS II

Charinvs Byrria Pamphilvs
CH. Quid ais, Byrria? daturne illa Pamphilo hodie nuptum? **BY.** sic est.
CH. qui scis? **BY.** apud forum modo e Davo audivi. **CH.** vae misero
mihi!
ut animus in spe atque in timore usque ant(e)hac attentus fuit,
ita, postquam adempta spes est, lassu' cura confectus stupet.
BY. quaeso edepol, Charine, quoniam non potest id fieri quod vis, 305
id velis quod possit. **CH.** nil volo aliud nisi Philumenam. **BY.** ah
quanto satiust te id dare operam qui istum amorem ex animo amoveas
[tuo],
quam id loqui quo mage lubido frustra incendatur tua!
CH. facile omnes quom valemu' recta consilia aegrotis damus.
tu si hic sis aliter sentias. **BY.** age age, ut lubet. **CH.** sed Pamphilum 310
video. omnia experiri certumst priu' quam pereo. **BY.** quid hic agit?
CH. ipsum hunc orabo, huic supplicabo, amorem huic narrabo meum:
credo impetrabo ut aliquot saltem nuptiis prodat dies:
interea fiet aliquid, spero. **BY.** id "aliquid" nil est. **CH.** Byrria,
quid tibi videtur? adeon ad eum? **BY.** quidni? si nil impetres, 315
ut te arbitretur sibi paratum moechum, si illam duxerit.
CH. abin hinc in malam rem cum suspicione istac, scelus?
PA. Charinum video. salve. **CH.** o salve, Pamphile:

ad te advenio spem salutem auxilium consilium expetens.
PA. neque pol consili locum habeo neque ad auxilium copiam. 320
sed istuc quidnamst? **CH.** hodie uxorem
ducis? **PA.** aiunt. **CH.** Pamphile,
si id facis, hodie postremum me vides. **PA.** quid ita? **CH.** ei mihi,
vereor dicere: huic dic quaeso, Byrria. **BY.** ego dicam. **PA.** quid est?
BY. sponsam hic tuam amat. **PA.** ne iste haud mecum sentit. eho dum
dic
   mihi:
num quid nam ampliu' tibi cum illa f<ui>t, Charine? **CH.** ah[a],
Pamphile,   325
nil. **PA.** quam vellem! **CH.** nunc te per amicitiam et per amorem
obsecro,
principio ut ne ducas. **PA.** dabo equidem operam. **CH.** sed si id non
potest
aut tibi nuptiae hae sunt cordi, **PA.** cordi! **CH.** saltem aliquot dies
profer, dum proficiscor aliquo ne videam. **PA.** audi nunciam:
ego, Charine, ne utiquam officium liberi esse hominis puto, 330
quom is nil mereat, postulare id gratiae adponi sibi.
nuptias effugere ego istas malo quam tu adipiscier.
CH. reddidisti animum. **PA.** nunc siquid potes aut tu aut hic Byrria,
facite fingite invenite efficite qui detur tibi;
ego id agam mihi qui ne detur. **CH.** sat habeo. **PA.** Davom optume 335
video, quoi(u)s consilio fretu' sum. **CH.** at tu hercle haud quicquam
mihi,
nisi ea quae nil opu' sunt scire. fugin hinc? **BY.** ego vero ac lubens.
Davos Charinvs Pamphilvs
DA. Di boni, boni quid porto? sed ubi inveniam Pamphilum,
ut metum in quo nunc est adimam atque expleam animum gaudio?
CH. laetus est nescioquid. **PA.** nil est: nondum haec rescivit
mala.   340
DA. quem ego nunc credo, si iam audierit sibi paratas nuptias . .
CH. audin tu illum? **DA.** toto me oppido exanimatum quaerere.
sed ubi quaeram? quo nunc primum intendam? **CH.** cessas conloqui?
DA. habeo. **PA.** Dave, ades resiste. **DA.** quis homost, qui me . . ? o
   Pamphile,
te ipsum quaero. eugae, Charine! ambo opportune: vos volo. 345
PA. Dave, perii. **DA.** quin tu hoc audi. **CH.** interii. **DA.** quid timeas
   scio.
PA. mea quidem hercle certe in dubio vitast. **DA.** et quid tu, scio.

PA. nuptiae mi . . **DA.** etsi scio? **PA.** hodie . . **DA.** obtundis, tam
    etsi intellego?

id paves ne ducas tu illam; tu autem ut ducas. **CH.** rem tenes.
PA. istuc ipsum. **DA.** atque istuc ipsum nil periclist: me vide. 350
PA. obsecro te, quam primum hoc me libera miserum metu. **DA.** em
libero: uxorem tibi non dat iam Chremes. **PA.** qui scis? **DA.** scio.
tuo' pater modo me prehendit: <ai>t tibi uxorem dare
hodie, item alia multa quae nunc non est narrandi locus.
continuo ad te properans percurro ad forum ut dicam haec tibi. 355
ubi te non invenio ibi escendo in quendam excelsum locum,
circumspicio: nusquam. forte ibi huiu' video Byrriam;
rogo: negat vidisse. mihi molestum; quid agam cogito.
redeunti interea ex ipsa re mi incidit suspicio "hem
paullulum opsoni; ipsu' tristis; de inproviso nuptiae: 360
non cohaerent." **PA.** quorsu' nam istuc? **DA.** ego me continuo ad
Chremem.
quom illo advenio, solitudo ante ostium: iam id gaudeo.
CH. recte dici'. **PA.** perge. **DA.** maneo. interea intro ire neminem
video, exire neminem; matronam nullam in aedibus,
nil ornati, nil tumulti: accessi; intro aspexi. **PA.** scio: 365
magnum signum. **DA.** num videntur convenire haec nuptiis?
PA. non opinor, Dave. **DA.** "opinor" narras? non recte accipis:
certa res est. etiam puerum inde abiens conveni Chremi:
holera et pisciculos minutos fer[r]e obolo in cenam seni.
CH. liberatu' sum hodie, Dave, tua opera. **DA.** ac nullus quidem.   370
CH. quid ita? nempe huic prorsus illam non dat. **DA.** ridiculum caput,
quasi necesse sit, si huic non dat, te illam uxorem ducere,
nisi vides, nisi senis amicos oras ambis. **CH.** bene mones:
ibo, etsi hercle saepe iam me spes haec frustratast. vale.

Pamphilvs Davos

PA. Quid igitur sibi volt pater? quor simulat? **DA.** ego dicam tibi.   375
si id suscenseat nunc quia non det tibi uxorem Chremes,
ipsu' sibi esse iniuriu' videatur, neque id iniuria,
priu' quam <tuo>m ut sese habeat animum ad nuptias perspexerit:
sed si tu negaris ducere, ibi culpam in te transferet:
tum illae turbae fient. **PA.** quidvis patiar. **DA.** pater est, Pamphile: 380
difficilest. tum haec solast mulier. dictum [ac] factum invenerit
aliquam causam quam ob rem eiciat oppido. **PA.** eiciat? **DA.** cito.
PA. cedo igitur quid faciam, Dave? **DA.** dic te ducturum. **PA.** hem. **DA.**
    quid est?

PA. egon dicam? **DA.** quor non? **PA.** numquam faciam. **DA.** ne nega.
PA. suadere noli. **DA.** ex <ea> re quid fiat vide.   385
PA. ut ab illa excludar, hoc concludar. **DA.** non itast.
nempe hoc sic esse opinor: dicturum patrem
"ducas volo hodie uxorem"; tu "ducam" inquies:
cedo quid iurgabit tecum? hic reddes omnia.
quae nunc sunt certa [ei] consilia, incerta ut sient   390
sine omni periclo. nam hoc haud dubiumst quin Chremes
tibi non det gnatam; nec tu <ea> causa minueris
haec quae facis, ne is mutet s<ua>m sententiam.
patri dic velle, ut, quom velit, tibi iure irasci non queat.
nam quod tu speres "propulsabo facile uxorem his moribus;   395
dabit nemo": inveniet inopem potiu' quam te corrumpi sinat.
sed si te aequo animo ferre accipiet, neglegentem feceris;
aliam otiosu' quaeret: interea aliquid acciderit boni.
PA. itan credis? **DA.** haud dubium id quidemst. **PA.** vide quo me
inducas.
   DA. quin taces?
PA. dicam. puerum autem ne resciscat mi esse ex illa cautiost;   400
nam pollicitus sum suscepturum. **DA.** o facinus audax! **PA.** hanc fidem
sibi me obsecravit, qui se sciret non deserturum, ut darem.
DA. curabitur. sed pater adest. cave te esse tristem sentiat.
Simo Davos Pamphilvs
SI. Reviso quid agant aut quid captent consili.
DA. hic nunc non dubitat quin te ducturum neges.   405
venit meditatus alicunde ex solo loco:
orationem sperat invenisse se
qui differat te: proin tu fac apud te ut sies.
PA. modo ut possim, Dave! **DA.** crede inquam hoc mihi, Pamphile,
numquam hodie tecum commutaturum patrem   410
unum esse verbum, si te dices ducere.
Byrria Simo Davos Pamphilvs
BY. Eru' me relictis rebu' iussit Pamphilum
hodie observare, ut quid ageret de nuptiis
scirem: id propterea nunc hunc venientem sequor.
ipsum adeo praesto video cum Davo: hoc agam.   415
SI. utrumque adesse video. **DA.** em serva. **SI.** Pamphile.
DA. quasi de inproviso respice ad eum. **PA.** ehem pater.
DA. probe. **SI.** hodie uxorem ducas, ut dixi, volo.
BY. nunc nostrae timeo parti quid hic respondeat.

PA. neque istic neque alibi tibi erit usquam in me mora. **BY.** hem. 420
DA. obmutuit. **BY.** quid dixit? **SI.** facis ut te decet,
quom istuc quod postulo impetro cum gratia.
DA. sum verus? **BY.** eru', quantum audio, uxore excidit.
SI. i nunciam intro, ne in mora, quom opu' sit, sies.
PA. eo.-- **BY.** nullane in re esse quoiquam homini fidem!   425
verum illud verbumst, volgo quod dici solet,
omnis sibi malle melius esse quam alteri.
ego illam vidi: virginem forma bona
memini videri: quo aequior sum Pamphilo,
si se illam in somnis quam illum amplecti maluit.   430
renuntiabo, ut pro hoc malo mihi det malum.
Davos Simo
DA. Hic nunc me credit aliquam sibi fallaciam
portare et ea me hic restitisse gratia.
SI. quid Davo' narrat? **DA.** aeque quicquam nunc quidem.
SI. nilne? hem. **DA.** nil prorsus. **SI.** atqui exspectabam quidem. 435
DA. praeter spem evenit, sentio: hoc male habet virum.
SI. potin es mihi verum dicere? **DA.** nil facilius.
SI. num illi molestae quidpiam haec sunt nuptiae
propter huiusce hospitai consuetudinem?
DA. nil hercle; aut, si adeo, biduist aut tridui   440
haec sollicitudo: nosti? deinde desinet.
etenim ipsu' secum eam rem reputavit via.
SI. laudo. **DA.** dum licitumst ei dumque aetas tulit,
amavit; tum id clam: cavit ne umquam infamiae
ea res sibi esset, ut virum fortem decet.   445
nunc uxore opus est: animum ad uxorem adpulit.
SI. subtristi' visus est esse aliquantum mihi.
DA. nil propter hanc rem, sed est quod suscenset tibi.
SI. quidnamst? **DA.** puerilest. **SI.** quid id est? **DA.** nil. **SI.** quin
dic, quid est?
DA. <ai>t nimium parce facere sumptum. **SI.** mene? **DA.** te.   450
"vix" inquit "drachumis est opsonatum decem:
non filio videtur uxorem dare.
quem" inquit "vocabo ad cenam m<eo>rum aequalium
potissumum nunc?" et, quod dicendum hic siet,
tu quoque perparce nimium: non laudo. **SI.** tace.   455
DA. commovi. **SI.** ego istaec recte ut fiant videro.

quidnam hoc est rei? quid hic volt veterator sibi?
nam si hic malist quicquam, em illic est huic r<ei> caput.

ACTVS III

Mysis Simo Davos Lesbia (Glycerivm)
MY. Ita pol quidem res est, ut dixti, Lesbia:
fidelem haud ferme mulieri invenias virum.   460
SI. ab Andriast ancilla haec. **DA.** quid narras? ita est.
MY. sed hic Pamphilus .. **SI.** quid dicit? **MY.** firmavit fidem. **SI.** hem.
DA. utinam aut hic surdus aut haec muta facta sit!
MY. nam quod peperisset iussit tolli. **SI.** o Iuppiter,
quid ego audio? actumst, siquidem haec vera praedicat.   465
LE. bonum ingenium narras adulescentis. **MY.** optumum
sed sequere me intro, ne in mora illi sis. **LE.** sequor.--
DA. quod remedium nunc huic malo inveniam? **SI.** quid hoc?
adeon est demens? ex peregrina? iam scio: ah
vix tandem sensi stolidu'. **DA.** quid hic sensisse ait?   470
SI. haec primum adfertur iam mi ab hoc fallacia:
hanc simulant parere, quo Chremetem absterreant.
GL. (intus) Iuno Lucina, fer opem, serva me, obsecro.
SI. hui tam cito? ridiculum: postquam ante ostium
me audivit stare, adproperat. non sat commode   475
divisa sunt temporibu' tibi, Dave, haec. **DA.** mihin?
SI. num inmemores discipuli? **DA.** ego quid narres nescio.
SI. hicin me si inparatum in veris nuptiis
adortus esset, quos mihi ludos redderet!
nunc hui(u)s periclo fit, ego in portu navigo.   480
Lesbia Simo Davos
LE. Adhuc, Archylis, quae adsolent quaeque oportent
signa esse ad salutem, omnia huic esse video.
nunc primum fac istaec [ut] lavet; post<e> deinde,
quod iussi dari bibere et quantum imperavi,
date; mox ego huc revortor.   485
per ecastor scitu' puer est natu' Pamphilo.
d<eo>s quaeso ut sit superstes, quandoquidem ipsest ingenio bono,
quomque huic est veritus optumae adulescenti facere iniuriam.--
SI. vel hoc quis [non] credat, qui te norit, abs te esse ortum? **DA.**
    quidnam id est?
SI. non imperabat coram quid opu' facto esset puerperae,   490

19

sed postquam egressast, illis quae sunt intu' clamat de via
o Dave, itan contemnor abs te? aut itane tandem idoneus
tibi videor esse quem tam aperte fallere incipias dolis?
saltem accurate, ut metui videar certe, si resciverim.
DA. certe hercle nunc hic se ipsu' fallit, haud ego. **SI.** edixin tibi,   495
interminatu' sum ne faceres? num veritus? quid re tulit?
credon tibi hoc nunc, peperisse hanc e Pamphilo?
DA. teneo quid erret et quid agam habeo. **SI.** quid taces?
DA. quid credas? quasi non tibi renuntiata sint haec sic fore.
SI. mihin quisquam? **DA.** eho an tute intellexti [hoc] adsimularier? 500
   SI. inrideor.
DA. renuntiatumst; nam qui istaec tibi incidit suspicio?
SI. qui? quia te noram. **DA.** quasi tu dicas factum id consilio meo.
SI. certe enim scio. **DA.** non sati' me pernosti etiam quali' sim, Simo.
SI. egon te? **DA.** sed siquid tibi narrare occepi, continuo dari
tibi verba censes. **SI.** falso! **DA.** itaque hercle nil iam muttire audeo.
505
SI. hoc ego scio unum, neminem peperisse hic. **DA.** intellexti;
sed nilo setius referetur mox huc puer ante ostium.
id ego iam nunc tibi, ere, renuntio futurum, ut sis sciens,
ne tu hoc [mihi] posteriu' dicas Davi factum consilio aut dolis.
prorsus a me opinionem hanc t<ua>m esse ego amotam volo.   510
SI. unde id scis? **DA.** audivi et credo: multa concurrunt simul
qui coniecturam hanc nunc facio. iam prius haec se e Pamphilo
gravidam dixit esse: inventumst falsum. nunc, postquam videt
nuptias domi adparari, missast ancilla ilico
obstetricem accersitum ad eam et puerum ut adferret simul.   515
hoc nisi fit, puerum ut tu videas, nil moventur nuptiae.
SI. quid ais? quom intellexeras
id consilium capere, quor non dixti extemplo Pamphilo?
DA. quis igitur eum ab illa abstraxit nisi ego? nam omnes nos quidem
scimu' quam misere hanc amarit: nunc sibi uxorem expetit.   520
postremo id mihi da negoti; tu tamen[i]dem has nuptias
perge facere ita ut facis, et id spero adiuturos deos.
SI. immo abi intro: ibi me opperire et quod parato opus est para.--
non inpulit me haec nunc omnino ut crederem;
atque haud scio an quae dixit sint vera omnia,   525
sed parvi pendo: illud mihi multo maxumumst
quod mihi pollicitust ipsu' gnatu'. nunc Chremem
conveniam, orabo gnato uxorem: si impetro,

quid alias malim quam hodie has fieri nuptias?
nam gnatu' quod pollicitust, haud dubiumst mihi, id   530
si nolit, quin <eu>m merito possim cogere.
atque adeo in ipso tempore eccum ipsum obviam.

Simo Chremes

SI. Iubeo Chremetem . . **CH.** o te ipsum quaerebam. **SI.** et ego te. **CH.**
   optato advenis.
aliquot me adierunt, ex te auditum qui <ai>bant hodie filiam
meam nubere tuo gnato; id viso tune an illi insaniant.   535
SI. ausculta pauca: et quid ego te velim et tu quod quaeris scies.
CH. ausculto: loquere quid velis.
SI. per te d<eo>s oro et nostram amicitiam, Chreme,
quae incepta a parvis cum aetate adcrevit simul,
perque unicam gnatam tuam et gnatum meum,   540
quoi(u)s tibi potestas summa servandi datur,
ut me adiuves in hac re atque ita uti nuptiae
fuerant futurae, fiant. **CH.** ah ne me obsecra:
quasi hoc te orando a me impetrare oporteat.
alium esse censes nunc me atque olim quom dabam?   545
si in remst utrique ut fiant, accersi iube;
sed si ex ea re plus malist quam commodi
utrique, id oro te in commune ut consulas,
quasi si illa tua sit Pamphilique ego sim pater.
SI. immo ita volo itaque postulo ut fiat, Chreme,   550
neque postulem abs te ni ipsa res moneat. **CH.** quid est?
SI. irae sunt inter Glycerium et gnatum. **CH.** audio.
SI. ita magnae ut sperem posse avelli. **CH.** fabulae!
SI. profecto sic est. **CH.** sic hercle ut dicam tibi:
amantium irae amoris integratiost.   555
SI. em id te oro ut ante eamu', dum tempus datur
dumque ei(u)s lubido occlusast contumeliis,
priu' quam harum scelera et lacrumae confictae dolis
redducunt animum aegrotum ad misericordiam,
uxorem demu'. spero consuetudine et   560
coniugio liberali devinctum, Chreme,
de(h)inc facile ex illis sese emersurum malis.
CH. tibi ita hoc videtur; at ego non posse arbitror
neque illum hanc perpetuo habere neque me perpeti.
SI. qui scis ergo istuc, nisi periclum feceris?   565
CH. at istuc periclum in filia fieri gravest.

SI. nempe incommoditas denique huc omnis redit
si eveniat, quod di prohibeant, discessio.
at si corrigitur, quot commoditates vide:
principio amico filium restitueris,   570
tibi generum firmum et filiae invenies virum.
CH. quid istic? si ita istuc animum induxti esse utile,
nolo tibi ullum commodum in me claudier.
SI. merito te semper maxumi feci, Chreme.
CH. sed quid ais? **SI.** quid? **CH.** qui scis eos nunc discordare inter se?
                                                         575
SI. ipsu' mihi Davo', qui intumust <eo>rum consiliis, dixit;
et is mihi persuadet nuptias quantum queam ut maturem.
num censes faceret, filium nisi sciret eadem haec velle?
tute adeo iam eius audies verba. [heus] evocate huc Davom.
atque eccum video ipsum foras exire.   580

Davos Simo Chremes

  DA. Ad te ibam. **SI.** quidnamst?
DA. quor uxor non accersitur? iam advesperascit. **SI.** audin?
ego dudum non nil veritu' sum, Dave, abs te ne faceres idem
quod volgu' servorum solet, dolis ut me deluderes
propterea quod amat filius. **DA.** egon istuc facerem? **SI.** credidi,
idque adeo metuens vos celavi quod nunc dicam. **DA.** quid? **SI.** scies;
                                                         585
nam propemodum habeo iam fidem. **DA.** tandem cognosti qui siem?
SI. non fuerant nuptiae futurae. **DA.** quid? non? **SI.** sed ea gratia
simulavi vos ut pertemptarem. **DA.** quid ais? **SI.** sic res est. **DA.** vide:
numquam istuc quivi ego intellegere. vah consilium callidum!
SI. hoc audi: ut hinc te intro ire iussi, opportune hic fit mi
obviam. **DA.** hem   590
numnam perimu'? **SI.** narro huic quae tu dudum narrasti mihi.
DA. quidnam audio? **SI.** gnatam ut det oro vixque id
exoro. **DA.** occidi.**SI.** hem
quid dixti? **DA.** optume inquam factum. **SI.** nunc per hunc nullast
mora.
CH. domum modo ibo, ut adparetur dicam, atque huc renuntio.--
SI. nunc te oro, Dave, quoniam solu' mi effecisti has nuptias .. 595
DA. ego vero solu'. **SI.** corrigere mihi gnatum porro enitere.
DA. faciam hercle sedulo. **SI.** potes nunc, dum animus inritatus est.
DA. quiescas. **SI.** age igitur, ubi nunc est ipsu'? **DA.** mirum ni domist.
SI. ibo ad eum atque <ea>dem haec quae tibi dixi dicam idem illi.-- **DA.**

nullu' sum.

quid causaest quin hinc in pistrinum recta proficiscar via?   600

nil est preci loci relictum: iam perturbavi omnia:

erum fefelli; in nuptias conieci erilem filium;

feci hodie ut fierent, insperante hoc atque invito Pamphilo.

em astutias! quod si quiessem, nil evenisset mali.

sed eccum ipsum video: occidi.   605

utinam mi[hi] esset aliquid hic quo nunc me praecipitem darem!

Pamphilvs Davos

PA. Vbi illic[e]st scelu' qui perdidit me? **DA.** perii. **PA.** atque hoc confiteor iure

mi obtigisse, quandoquidem tam iners, tam nulli consili sum.

servon fortunas meas me commisisse futtili!

ego pretium ob stultitiam fero: sed inultum numquam id auferet. 610

DA. posthac incolumem sat scio [fore] me, nunc si devito hoc malum.

PA. nam quid ego nunc dicam patri? negabon velle me, modo

qui sum pollicitu' ducere? qua audacia id facere audeam?

nec quid nunc me faciam scio. **DA.** nec mequidem, atque id ago sedulo.

dicam aliquid me inventurum, ut huic malo aliquam productem

moram.   615

PA. oh! **DA.** visu' sum **PA.** eho dum, bone vir, quid ais? viden me consiliis tuis

miserum inpeditum esse? **DA.** at iam

expediam. **PA.** expedies? **DA.** certe,

    Pamphile.

PA. nempe ut modo. **DA.** immo meliu' spero. **PA.** oh tibi ego ut credam, furcifer?

tu rem inpeditam et perditam restituas? em quo fretu' sim,

qui me hodie ex tranquillissuma re coniecisti in nuptias.   620

an non dixi esse hoc futurum? **DA.** dixti. **PA.** quid

meritu's? **DA.** crucem.

sed sine paullulum ad me redeam: iam aliquid dispiciam. **PA.** ei mihi,

quom non habeo spatium ut de te sumam supplicium ut volo!

namque hoc tempu' praecavere mihi me, haud te ulcisci sinit.

ACTVS IV

Charinvs Pamphilvs Davos

CH. Hoccinest credibile aut memorabile,   625

tanta vecordia innata quoiquam ut siet

ut malis gaudeant atque ex incommodis
alterius sua ut comparent commoda? ah
idnest verum? immo id est genus hominum pessumum in
denegando modo quis pudor paullum adest;   630
post ubi tempu' promissa iam perfici,
tum coacti necessario se aperiunt,
et timent et tamen res premit denegare;
ibi tum eorum inpudentissuma oratiost
"quis tu es? quis mihi es? quor meam tibi? heus   635
proxumus sum egomet mihi."
at tamen "ubi fides?" si roges,
nil pudet hic, ubi opus [est]; illi ubi
nil opust, ibi verentur.   638a
sed quid agam? adeon ad eum et cum eo iniuriam hanc expostulem?
ingeram mala multa? atque aliqui' dicat "nil promoveris":
multum: molestu' certe <ei> fuero atque animo morem gessero.
PA. Charine, et me et te inprudens, nisi quid di respiciunt, perdidi.
CH. itane "inprudens"? tandem inventast causa: solvisti fidem.
PA. quid "tandem"? **CH.** etiamnunc me ducere istis dictis postulas?
PA. quid istuc est? **CH.** postquam me amare dixi, conplacitast tibi. 645
heu me miserum qui tuom animum ex animo spectavi meo!
PA. falsus es. **CH.** non tibi sat esse hoc solidum visumst gaudium,
nisi me lactasses amantem et falsa spe produceres?
habeas. **PA.** habeam? ah nescis quantis in malis vorser miser
quantasque hic s<ui>s consiliis mihi conflavit sollicitudines   650
meu' carnufex. **CH.** quid istuc tam mirumst de te si exemplum capit?
PA. haud istuc dicas, si cognoris vel me vel amorem meum.
CH. scio: cum patre altercasti dudum et is nunc propterea tibi
suscenset nec te quivit hodie cogere illam ut duceres.
PA. immo etiam, quo tu minu' scis aerumnas meas,   655
haec nuptiae non adparabantur mihi
nec postulabat nunc quisquam uxorem dare.
CH. scio: tu coactu' tua voluntate es. **PA.** mane:
nondum scis. **CH.** scio equidem illam ducturum esse te.
PA. quor me enicas? hoc audi: numquam destitit   660
instare ut dicerem me ducturum patri;
suadere orare usque adeo donec perpulit.
CH. quis homo istuc? **PA.** Davo' . . **CH.** Davos? **PA.** interturbat. **CH.**
    quam ob rem? **PA.** nescio;
nisi mihi d<eo>s sati' scio fuisse iratos qui auscultaverim.

CH. factum hoc est, Dave? **DA.** factum. **CH.** hem quid ais? scelus! 665
at tibi di dignum factis exitium duint!
eho dic mi, si omnes hunc coniectum in nuptias
inimici vellent, quod nisi hoc consilium darent?
DA. deceptu' sum, at non defetigatus. **PA.** scio.
DA. hac non successit, alia adoriemur via: 670
nisi si id putas, quia primo processit parum,
non posse iam ad salutem convorti hoc malum.
PA. immo etiam; nam sati' credo, si advigilaveris,
ex unis geminas mihi conficies nuptias.
DA. ego, Pamphile, hoc tibi pro servitio debeo,   675
conari manibu' pedibu' noctesque et dies,
capitis periclum adire, dum prosim tibi;
tuomst, siquid praeter spem evenit, mi ignoscere.
parum succedit quod ago; at facio sedulo.
vel meliu' tute reperi, me missum face.   680
PA. cupio: restitue in quem me accepisti locum.
DA. faciam. **PA.** at iam hoc opust. **DA.** em . . sed mane; concrepuit a
  Glycerio ostium.
PA. nil ad te. **DA.** quaero. **PA.** hem nuncin demum? **DA.** at iam hoc tibi
  inventum dabo.

Mysis Pamphilvs Charinvs Davos

MY. Iam ubi ubi erit, inventum tibi curabo et mecum adductum
t<uo>m Pamphilum: modo tu, anime mi, noli te macerare.   685
PA. Mysis. **MY.** quis est? <e>hem Pamphile, optume mihi te offers. **PA.**
  quid <id> est?
MY. orare iussit, si se ames, era, iam ut ad sese venias:
videre te ait cupere. **PA.** vah perii: hoc malum integrascit.
sicin me atque illam opera tua nunc miseros sollicitari[er]!
nam idcirco accersor nuptias quod mi adparari sensit.   690
CH. quibu' quidem quam facile potuerat quiesci, si hic quiesset!
DA. age, si hic non insanit satis sua sponte, instiga. **MY.** atque edepol
ea res est, proptereaque nunc misera in maerorest. **PA.** Mysis,
per omnis tibi adiuro deos numquam <ea>m me deserturum,
non si capiundos mihi sciam esse inimicos omnis homines.   695
hanc mi expetivi: contigit; conveniunt mores: valeant
qui inter nos discidium volunt: hanc nisi mors mi adimet nemo.
MY. resipisco. **PA.** non Apollinis mage verum atque hoc responsumst.
si poterit fieri ut ne pater per me stetisse credat
quo minus haec fierent nuptiae, volo; sed si id non poterit,   700

id faciam, in proclivi quod est, per me stetisse ut credat.
quis videor? **CH.** miser, aeque atque ego. **DA.** consilium
quaero. **PA.**forti's!
scio quid conere. **DA.** hoc ego tibi profecto effectum reddam.
PA. iam hoc opus est. **DA.** quin iam habeo. **CH.** quid est? **DA.** huic, non
    tibi habeo, ne erres.
CH. sat habeo. **PA.** quid facies? cedo. **DA.** dies [hic] mi ut sati' sit
vereor   705
ad agendum: ne vacuom esse me nunc ad narrandum credas:
proinde hinc vos amolimini; nam mi inpedimento estis.
PA. ego hanc visam.-- **DA.** quid tu? quo hinc te agis? **CH.** verum vis
    dicam? **DA.** immo etiam:
narrationis incipit mi initium. **CH.** quid me fiet?
DA. eho tu inpudens, non satis habes quod tibi dieculam addo,   710
quantum huic promoveo nuptias? **CH.** Dave, at tamen . . **DA.** quid ergo?
CH. ut ducam. **DA.** ridiculum. **CH.** huc face ad me [ut] venias, siquid
    poteris.
DA. quid veniam? nil habeo. **CH.** at tamen, siquid. **DA.** age
veniam. **CH.** siquid,
domi ero.-- **DA.** tu, Mysis, dum exeo, parumper me opperire hic.
MY. quapropter? **DA.** ita factost opus. **MY.** matura. **DA.** iam inquam hic
adero.   715

Mysis Davos

MY. Nilne esse proprium quoiquam! di vostram fidem!
summum bonum esse erae putabam hunc Pamphilum,
amicum, amatorem, virum in quovis loco
paratum; verum ex <eo> nunc misera quem capit
laborem! facile hic plus malist quam illic boni.   720
sed Davos exit. mi homo, quid istuc obsecrost?
quo portas puerum? **DA.** Mysis, nunc opus est tua
mihi ad hanc rem exprompta memoria atque astutia.
MY. quidnam incepturu's? **DA.** accipe a me hunc ocius
atque ante nostram ianuam adpone. **MY.** obsecro,   725
humine? **DA.** ex ara hinc sume verbenas tibi
atque <ea>s substerne. **MY.** quam ob rem id tute non facis?
DA. quia, si forte opu' sit ad erum iurandum mihi
non adposisse, ut liquido possim. **MY.** intellego:
nova nunc religio in te istaec incessit. cedo!   730
DA. move ocius te, ut quid agam porro intellegas.
pro Iuppiter! **MY.** quid est? **DA.** sponsae pater intervenit.

repudio quod consilium primum intenderam.
MY. nescio quid narres. **DA.** ego quoque hinc ab dextera
venire me adsimulabo: tu ut subservias   735
orationi, ut quomque opu' sit, verbis vide.
MY. ego quid agas nil intellego; sed siquid est
quod mea opera opu' sit vobis, [a]ut tu plus vides,
manebo, nequod vostrum remorer commodum.

Chremes Mysis Davos

CH. Revortor, postquam quae opu' fuere ad nuptias   740
gnatae paravi, ut iubeam accersi. sed quid hoc?
puer herclest. mulier, tun posisti hunc? **MY.** ubi illic est?
CH. non mihi respondes? **MY.** nusquam est. vae miserae mihi!
reliquit me homo atque abiit. **DA.** di vostram fidem,
quid turbaest apud forum! quid illi hominum litigant!   745
tum annona carast. (quid dicam aliud nescio.)
MY. quor tu obsecro hic me solam? **DA.** hem quae haec est fabula?
eho Mysis, puer hic undest? quisve huc attulit?
MY. satin sanu's qui me id rogites? **DA.** quem ego igitur rogem
qui hic neminem alium videam? **CH.** miror unde sit.   750
DA. dictura es quod rogo? **MY.** au! **DA.** concede ad dexteram.
MY. deliras: non tute ipse . . ? **DA.** verbum si mihi
unum praeter quam quod te rogo faxis: cave!
male dicis? undest? dic clare. **MY.** a nobis. **DA.** hahae!
mirum vero inpudenter mulier si facit   755
meretrix! **CH.** ab Andriast [ancilla] haec, quantum intellego.
DA. adeon videmur vobis esse idonei
in quibu' sic inludati'? **CH.** veni in tempore.
DA. propera adeo puerum tollere hinc ab ianua.
mane: cave quoquam ex istoc excessis loco!   760
MY. di te eradicent! ita me miseram territas.
DA. tibi ego dico an non? **MY.** quid vis? **DA.** at etiam rogas?
cedo, quoium puerum hic adposisti? dic mihi.
MY. tu nescis? **DA.** mitte id quod scio: dic quod rogo.
MY. vostri. **DA.** quoi(u)s nostri? **MY.** Pamphili. **DA.** hem quid?
Pamphili?   765
MY. eho an non est? **CH.** recte ego has semper fugi nuptias.
DA. o facinus animadvortendum! **MY.** quid clamitas?
DA. quemne ego heri vidi ad vos adferri vesperi?
MY. o hominem audacem! **DA.** verum: vidi Cantharam
suffarcinatam. **MY.** dis pol habeo gratiam   770

quom in pariundo aliquot adfuerunt liberae.
DA. ne illa illum haud novit quoiu' causa haec incipit:
"Chremes si positum puerum ante aedis viderit,
s<ua>m gnatam non dabit": tanto hercle mage dabit.
CH. non hercle faciet. **DA.** nunc adeo, ut tu sis sciens,   775
nisi puerum tolli' iam ego hunc in mediam viam
provolvam teque ibidem pervolvam in luto.
MY. tu pol homo non es sobrius. **DA.** fallacia
alia aliam trudit: iam susurrari audio
civem Atticam esse hanc. **CH.** hem. **DA.** "coactus legibus   780
eam uxorem ducet." **MY.** au obsecro, an non civis est?
CH. iocularium in malum insciens paene incidi.
DA. quis hic loquitur? o Chreme, per tempus advenis:
ausculta. **CH.** audivi iam omnia. **DA.** an<ne> haec tu omnia?
CH. audivi, inquam, a principio. **DA.** audistin, obsecro? hem   785
scelera! hanc iam oportet in cruciatum hinc abripi.
hic est ille: non te credas Davom ludere.
MY. me miseram! nil pol falsi dixi, mi senex.
CH. novi omnem rem. est Simo intus? **DA.** est.-- **MY.** ne me atti[n]gas,
sceleste. si pol Glycerio non omnia haec . .   790
DA. eho inepta, nescis quid sit actum? **MY.** qui sciam?
DA. hic socer est. alio pacto haud poterat fieri
ut sciret haec quae voluimus. **MY.** praediceres.
DA. paullum interesse censes ex animo omnia,
ut fert natura, facias an de industria?   795
Crito Mysis Davos
CR. In hac habitasse platea dictumst Chrysidem,
quae sese inhoneste optavit parere hic ditias
potius quam honeste in patria pauper viveret:
ei(u)s morte ea ad me lege redierunt bona.
sed quos perconter video: salvete. **MY.** obsecro,   800
quem video? estne hic Crito sobrinu' Chrysidis?
is est. **CR.** o Mysis, salve! **MY.** salvo' sis, Crito.
CR. itan Chrysis? hem. **MY.** nos quidem pol miseras perdidit.
CR. quid vos? quo pacto hic? satine recte? **MY.** nosne? sic
ut quimus, aiunt, quando ut volumu' non licet.   805
CR. quid Glycerium? iam hic s<uo>s parentis repperit?
MY. utinam! **CR.** an nondum etiam? haud auspicato huc me appuli;
nam pol, si id scissem, numquam huc tetulissem pedem.
semper eiu' dictast esse haec atque habitast soror;

quae illi(u)s fuere possidet: nunc me hospitem   810
litis sequi quam id mihi sit facile atque utile
aliorum exempla commonent. simul arbitror
iam aliquem esse amicum et defensorem <ei>; nam fere
grandi[us]cula iam profectast illinc: clamitent
me sycophantam, hereditatem persequi   815
mendicum. tum ipsam despoliare non lubet.
MY. o optume hospes! pol, Crito, antiquom obtines.
CR. duc me ad eam, quando huc veni, ut videam. **MY.** maxume.
DA. sequar hos: nolo me in tempore hoc videat senex.

ACTVS V

Chremes Simo
CH. Sati' iam sati', Simo, spectata erga te amicitiast mea;   820
sati' pericli incepi adire: orandi iam finem face.
dum studeo obsequi tibi, paene inlusi vitam filiae.
SI. immo enim nunc quom maxume abs te postulo atque oro, Chreme,
ut beneficium verbis initum dudum nunc re comprobes.
CH. vide quam iniquo' sis prae studio: dum id efficias quod lubet,   825
neque modum benignitati' neque quid me ores cogitas;
nam si cogites remittas iam me onerare iniuriis.
SI. quibus? **CH.** at rogitas? perpulisti me ut homini adulescentulo
in alio occupato amore, abhorrenti ab re uxoria,
filiam ut darem in seditionem atque in incertas nuptias,   830
eiu' labore atque eiu' dolore gnato ut medicarer tuo.
impetrasti: incepi, dum res tetulit. nunc non fert: feras.
illam hinc civem esse aiunt; puer est natu': nos missos face.
SI. per ego te d<eo>s oro, ut ne illis animum inducas credere,
quibus id maxume utilest illum esse quam deterrumum.   835
nuptiarum gratia haec sunt ficta atque incepta omnia.
ubi ea causa quam ob rem haec faciunt erit adempta his, desinent.
CH. erras: cum Davo egomet vidi iurgantem ancillam. **SI.** scio. **CH.** at
vero voltu, quom ibi me adesse neuter tum praesenserant.
SI. credo et id facturas Davo' dudum praedixit mihi; et   840
nescio qui <i>d tibi sum oblitus hodie, ac volui, dicere.
Davos Chremes Simo Dromo
DA. Animo nunciam otioso esse impero. **CH.** em Davom tibi!
SI. unde egreditur? **DA.** meo praesidio atque hospiti'. **SI.** quid illud
malist?

DA. ego commodiorem hominem adventum tempu' non
vidi. **SI.** scelus,
quemnam hic laudat? **DA.** omni' res est iam in vado. **SI.** cesso
adloqui?   845
DA. erus est: quid agam? **SI.** o salve, bone vir. **DA.** ehem Simo, o noster
   Chreme,
omnia adparata iam sunt intu'. **SI.** curasti probe.
DA. ubi voles accerse. **SI.** bene sane; id enimvero hinc nunc abest.
etiam tu hoc respondes quid istic tibi negotist? **DA.** mihin? **SI.** ita.
DA. mihin? **SI.** tibi ergo. **DA.** modo introii. **SI.** quasi ego quam dudum
rogem.   850
DA. cum t<uo> gnato una. **SI.** anne est intu' Pamphilu'? crucior miser!
eho non tu dixti esse inter eos inimicitias, carnufex?
DA. sunt. **SI.** quor igitur hic est? **CH.** quid illum censes? cum illa litigat.
DA. immo vero indignum, Chreme, iam facinu' faxo ex me audies.
nescioquis senex modo venit, ellum, confidens catus: 855
quom faciem videas, videtur esse quantivis preti:
tristi' severitas inest in voltu atque in verbis fides.
SI. quidnam adportat? **DA.** nil equidem nisi quod illum audivi dicere.
SI. quid ait tandem? **DA.** Glycerium se scire civem esse
Atticam. **SI.** hem
Dromo, Dromo. **DA.** quid est? **SI.** Dromo. **DA.** audi. **SI.** verbum si
addideris . . ! Dromo.   860
DA. audi obsecro. **DR.** quid vis? **SI.** sublimem intro rape hunc,
quantum potest.
DR. quem? **SI.** Davom. **DA.** quam ob rem? **SI.** quia lubet. rape inquam.
   DA. quid feci? **SI.** rape.
DA. si quicquam invenies me mentitum, occidito. **SI.** nil audio.
DR. ego iam te commotum reddam. **DA.** tamen etsi hoc
verumst? **SI.** tamen.
cura adservandum vinctum, atque audin? quadrupedem constringito.
                                                                      865
age nunciam: ego pol hodie, si vivo, tibi
ostendam erum quid sit pericli fallere,
et illi patrem. **CH.** ah ne saevi tanto opere. **SI.** o Chreme,
pietatem gnati! nonne te miseret mei?
tantum laborem capere ob talem filium!   870
age Pamphile, exi Pamphile: ecquid te pudet?
Pamphilvs Simo Chremes
PA. Quis me volt? perii, pater est. **SI.** quid ais, omnium . . ? **CH.** ah

rem potius ipsam dic ac mitte male loqui.
SI. quasi quicquam in hunc iam graviu' dici possiet.
<ai>n tandem, civi' Glyceriumst? **PA.** ita praedicant.　875
SI. "ita praedicant"? o ingentem confidentiam!
num cogitat quid dicat? num facti piget?
vide num ei(u)s color pudori' signum usquam indicat.
adeo[n] inpotenti esse animo ut praeter civium
morem atque legem et s<ui> voluntatem patris　　880
tamen hanc habere studeat cum summo probro!
PA. me miserum! **SI.** hem modone id demum sensti, Pamphile?
olim istuc, olim quom ita animum induxti tuom,
quod cuperes aliquo pacto efficiundum tibi,
<eo>dem die istuc verbum vere in te accidit.　　885
sed quid ego? quor me excrucio? quor me macero?
quor meam senectutem huius sollicito amentia?
an ut pro hui(u)s peccatis ego supplicium sufferam?
immo habeat, valeat, vivat cum illa. **PA.** mi pater!
SI. quid "mi pater"? quasi tu huius indigeas patris.　　890
domus uxor liberi inventi invito patre;
adducti qui illam hinc civem dicant: viceris.
PA. pater, licetne pauca? **SI.** quid dices mihi? **CH.** at
tamen, Simo, audi. **SI.** ego audiam? quid audiam,
Chreme? **CH.** at tandem dicat. **SI.** age dicat, sino.　895
PA. ego me amare hanc fateor; si id peccarest, fateor id quoque.
tibi, pater, me dedo: quidvis oneris inpone, impera.
vis me uxorem ducere? hanc vis [a]mittere? ut potero feram.
hoc modo te obsecro, ut ne credas a me adlegatum hunc senem:
sine me expurgem atque illum huc coram adducam. **SI.** Adducas?
PA.sine, pater. 900
CH. aequom postulat: da veniam. **PA.** sine te hoc exorem. **SI.** sino.
quidvis cupio dum ne ab hoc me falli comperiar, Chreme.
CH. pro peccato magno paullum supplici satis est patri.
Crito Chremes Simo Pamphilvs
CR. Mitte orare. una harum quaevis causa me ut faciam monet,
vel tu vel quod verumst vel quod ipsi cupio Glycerio.　　905
CH. Andrium ego Critonem video? certe is est. **CR.** salvo' sis, Chreme.
CH. quid tu Athenas insolens? **CR.** evenit. sed hicinest Simo?
CH. hic. **CR.** Simo . . **SI.** men quaeris? eho tu, Glycerium hinc civem
esse ais?
CR. tu negas? **SI.** itane huc paratus advenis? **CR.** qua re? **SI.** rogas?

tune inpune haec facias? tune hic homines adulescentulos 910
inperitos rerum, eductos libere, in fraudem inlicis?
sollicitando et pollicitando <eo>rum animos lactas? **CR.** sanun es?
SI. ac meretricios amores nuptiis conglutinas?
PA. perii, metuo ut substet hospes. **CH.** si, Simo, hunc noris satis,
non ita arbitrere: bonus est hic vir. **SI.** hic vir sit bonus? 915
itane adtemperate evenit, hodie in ipsis nuptiis
ut veniret, ant(e)hac numquam? est vero huic credundum, Chreme.
PA. ni metuam patrem, habeo pro illa re illum quod moneam probe.
SI. sycophanta. **CR.** hem. **CH.** sic, Crito, est hic: mitte. **CR.** videat
   qui siet.
si mihi perget quae volt dicere, ea quae non volt audiet. 920
ego istaec moveo aut curo? non tu t<uo>m malum aequo animo feras!
nam ego quae dico vera an falsa audierim iam sciri potest.
Atticus quidam olim navi fracta ad Andrum eiectus est
et istaec una parva virgo. tum ille egens forte adplicat
primum ad Chrysidis patrem se. **SI.** fabulam inceptat. **CH.** sine. 925
CR. itane vero obturbat? **CH.** perge. **CR.** Tu -- is mihi cognatus fuit
qui <eu>m recepit. ibi ego audivi ex illo sese esse Atticum.
is ibi mortuost. **CH.** ei(u)s nomen? **CR.** nomen tam cito? Phania? hem
perii! verum hercle opinor f<ui>sse Phaniam; hoc certo scio,
Rhamnusium se aiebat esse. **CH.** o Iuppiter! **CR.** eadem haec, Chreme,
   930
multi alii in Andro tum audi[ve]re. **CH.** utinam id sit quod spero! eho
dic mihi,
quid eam tum? suamne esse aibat? **CR.** non. **CH.** quoiam igitur? **CR.**
   fratri' filiam.
CH. certe meast. **CR.** quid ais? **SI.** quid tu ais? **PA.** arrige auris,
Pamphile!
SI. qui credi'? **CH.** Phania illic frater meu' fuit. **SI.** noram et scio.
CH. is bellum hinc fugiens meque in Asiam persequens
proficiscitur: 935
tum illam relinquere hic est veritus.~ postilla nunc primum audio
quid illo sit factum. **PA.** vix sum apud me: ita animu' commotust metu
spe gaudio, mirando tanto tam repentino hoc bono.
SI. ne istam multimodis t<ua>m inveniri gaudeo. **PA.** credo, pater.
CH. at mi unu' scrupulus etiam restat qui me male habet. **PA.** dignus
es 940
cum t<ua> religione, odium: nodum in scirpo quaeri'. **CR.** quid istuc
est?

CH. nomen non convenit. **CR.** fuit hercle huic aliud parvae. **CH.** quod,
Crito?
numquid meministi? **CR.** id quaero. **PA.** egon huiu' memoriam patiar
meae
voluptati obstare, quom ego possim in hac re medicari mihi?
heus, Chreme, quod quaeri', Pasibulast. **CH.** ipsa <ea>st. **CR.** east. 945
PA. ex ipsa miliens audivi. **SI.** omnis nos gaudere hoc, Chreme,
te credo credere. **CH.** ita me di ament, credo. **PA.** quod restat, pater . .
SI. iamdudum res redduxit me ipsa in gratiam. **PA.** o lepidum patrem!
de uxore, ita ut possedi, nil mutat Chremes? **CH.** causa optumast;
nisi quid pater ait aliud. **PA.** nempe id. **SI.** scilicet. **CH.** dos, Pamphile,
est   950
decem talenta. **PA.** accipio. **CH.** propero ad filiam. eho mecum, Crito;
nam illam me credo haud nosse.-- **SI.** quor non illam huc transferri
iubes?
PA. recte admones: Davo ego istuc dedam iam negoti. **SI.** non potest.
PA. qui? **SI.** quia habet aliud magis ex sese et
maiu'. **PA.** quidnam? **SI.** vinctus est.
PA. pater, non recte vinctust. **SI.** haud ita iussi. **PA.** iube solvi,
obsecro.   955
SI. age fiat. **PA.** at matura. **SI.** eo intro. **PA.** o faustum et felicem diem!
Charinvs Pamphilvs Davos
CH. Proviso quid agat Pamphilus. atque eccum. **PA.** aliquis fors[itan]
me putet
non putare hoc verum, at mihi nunc sic esse hoc verum lubet.
ego d<eo>rum vitam propterea sempiternam esse arbitror
quod voluptates <eo>rum propriae sunt; nam mi inmortalitas   960
partast, si nulla aegritudo huic gaudio intercesserit.
sed quem ego mihi potissumum optem, nunc quoi haec narrem, dari?
CH. quid illud gaudist? **PA.** Davom video. nemost quem mallem
omnium;
nam hunc scio mea solide solum gavisurum gaudia.
DA. Pamphilus ubinam hic est? **PA.** Dave. **DA.** quis homost? **PA.** ego
sum.   965
    DA. o Pamphile.
PA. nescis quid mi obtigerit. **DA.** certe; sed quid mihi obtigerit scio.
PA. et quidem ego. **DA.** more hominum evenit ut quod sim nanctus
mali
priu' rescisceres tu quam ego illud quod tibi evenit boni.
PA. Glycerium mea s<uo>s parentis repperit. **DA.** factum

bene. **CH.** hem.

PA. pater amicu' summu' nobis. **DA.** quis? **PA.** Chremes. **DA.** narras
probe.   970

PA. nec mora ullast quin eam uxorem ducam. **CH.** num illic somniat
ea quae vigilans voluit? **PA.** tum de puero, Dave . . **DA.** ah desine!
solus est quem diligant di. **CH.** salvo' sum si haec vera sunt.
conloquar. **PA.** quis homost? [o] Charine, in tempore ipso mi advenis.
CH. bene factum. **PA.** audisti[n]? **CH.** omnia. age, me in t<ui>s secundis
respice.   975

tuos est nunc Chremes: facturum quae voles scio esse omnia.

PA. memini: atque adeo longumst illum me exspectare dum exeat.
sequere hac me: intus apud Glycerium nunc est. tu, Dave, abi domum,
propera, accerse hinc qui auferant. em quid stas? quid cessas? **DA.** eo.
ne exspecteti' dum exeant huc: intu' despondebitur;   980
intu' transigetur siquid est quod restet. **CANTOR.** plaudite!

EXITVS ALTER SVPPOSITICIVS

PA. memini adq<ue adeo ut uolui commodum huc senex exit
foras>.   977a

CH. m o   978a

CH.   979a

Pamphilvs Charinvs Chremes Davos

PA. Te expectabam: est de tua re quod agere ego tecum uolo.   980a
operam dedi ne me esse oblitum dicas tuae gnatae alterae.   981a
tibi me opinor inuenisse dignum te atque illa uirum. **CHA.** Ah,   982a
perii, Daue, de meo amore ac uita <nunc> sors tollitur.   983a
CHR. non noua istaec mihi condicio est, si uoluissem, Pamphile. 984a
CHA. occidi, Daue. **DA.** mane. **CHA.** perii. **CHR.** id quamobrem non
uolui eloquar: 985a
non idcirco quod eum omnino adfinem mihi nollem . . **CHA.** hem!
DA. tace. 986a
CHR. sed amicitia nostra quae est a patribus nostris tradita   987a
nobis, aliquam partem studui adauctam tradi liberis.   988a
nunc cum copia ac fortuna utrique ut obsequerer dedit,   989a
detur. **PA.** bene factum. **DA.** adi atque age homini gratias. **CHA.**
    salue, Chremes,   990a
amicorum meorum omnium mihi ~agissime.   991a
quod mihi non minus est gaudio quam id <quod volo>   992a
quod <abs te expecto et summo studio> abs te expeto: 993a
me repperisse ut habitus antehac fui tibi.   994a
CHR. animum, Charine, quod ad cumque applicaueris   995a

34

studium exinde ut erit tute existimaberis. 996a
id ita esse facere coniecturam ex me licet: 997a
alienus abs te tamen quis tu esses noueram. 998a
CHA. ita res est. **CHR.** gnatam tibi meam Philumenam 999a
uxorem et dotis sex talenta spondeo. 1000a

HECYRA

DIDASCALIA

**INCIPIT TERENTI HECYRA
ACTA LVDIS MEGALENSIBVS
SEXTO IVLIO CAESARE CN. CORNELIO DOLABELLA
AEDILIBVS CVRVLIBVS
MODOS FECIT FLACCVS CLAVDI
TIBIS PARIBVS
TOTA GRAECA MENANDRV
FACTA EST V
ACTA PRIMO SINE PROLOGO DATA
SECVNDO CN. OCTAVIO TITO MANLIO COS.
RELATA EST LVCIO AEMILIO PAVLO LUDIS FVNERALIBUS
NON EST PLACITA
TERTIO RELATA EST Q. FULVIO LVC. MARCIO AEDILIBVS
CVRVLIBVS
EGIT LVC AMBIVIVS LVC SERGIVS TVRPIO
PLACVIT**

PERSONAE
PROLOGVS
PHILOTIS MERETRIX
SYRA ANVS
PARMENO SERVOS
(SCIRTVS SERVOS)
LACHES SENEX
SOSTRATA MATRONA
PHIDIPPVS SENEX
PAMPHILVS ADVLESCENS
SOSIA SERVOS
MYRRINA MATRONA
BACCHIS MERETRIX
CANTOR

PERIOCHA

C. SVLPICI APOLLINARIS
Vxorem ducit Pamphilus Philumenam,
cui quondam ignorans uirgini uitium obtulit,
cuiusque per uim quem detraxit anulum
dederat amicae Bacchidi meretriculae.
dein profectus in Imbrum est: nuptam haud attigit.
hanc mater utero grauidam, ne id sciat socrus,
ut aegram ad sese transfert. reuenit Pamphilus,
deprendit partum, celat; uxorem tamen
recipere non uolt. pater incusat Bacchidis
amorem. dum se purgat Bacchis, anulum
mater uitiatae forte adgnoscit Myrrina.
uxorem recipit Pamphilus cum filio.

PROLOGVS (I)
Hecyra est huic nomen fabulae. haec quom datast
nova, novom intervenit vitium et calamitas
ut neque spectari neque cognosci potuerit:
ita populu' studio stupidus in funambulo
animum occuparat. nunc haec planest pro nova,   5
et is qui scripsit hanc ob eam rem noluit
iterum referre ut iterum possit vendere.
alias cognostis eiu': quaeso hanc noscite.

PROLOGVS (II)
Orator ad vos venio ornatu prologi:
sinite exorator sim <eo>dem ut iure uti senem   10
liceat quo iure sum usus adulescentior,
novas qui exactas feci ut inveterascerent,
ne cum poeta scriptura evanesceret.
in is quas primum Caecili didici novas
partim sum earum exactu', partim vix steti.   15
quia scibam dubiam fortunam esse scaenicam,
spe incerta certum mihi laborem sustuli,
<ea>sdem agere coepi ut ab eodem alias discerem
novas, studiose ne illum ab studio abducerem.
perfeci ut spectarentur: ubi sunt cognitae,   20
placitae sunt. ita poetam restitui in locum
prope iam remmotum iniuria advorsarium
ab studio atque ab labore atque arte musica.

quod si scripturam sprevissem in praesentia
et in deterrendo voluissem operam sumere,   25
ut in otio esset potiu' quam in negotio,
deterruissem facile ne alias scriberet.
nunc quid petam mea causa aequo animo attendite.
Hecyram ad vos refero, quam mihi per silentium
numquam agere licitumst; ita eam oppressit calamitas. 30
<ea>m calamitatem vostra intellegentia
sedabit, si erit adiutrix nostrae industriae.
quom primum eam agere coepi, pugilum gloria
(funambuli <eo>dem accessit exspectatio),
comitum conventu', strepitu', clamor mulierum 35
fecere ut ante tempus exirem foras.
vetere in nova coepi uti consuetudine
in experiundo ut essem; refero denuo.
primo actu placeo; quom interea rumor venit
datum iri gladiatores, populu' convolat,   40
tumultuantur clamant, pugnant de loco:
ego interea meum non potui tutari locum.
nunc turba nulla est: otium et silentiumst:
agendi tempu' mihi datumst; vobis datur
potestas condecorandi ludos scaenicos.   45
nolite sinere per vos artem musicam
recidere ad paucos: facite ut vostra auctoritas
meae auctoritati fautrix adiutrixque sit.
si numquam avare pretium statui arti meae
et eum esse quaestum in animum induxi maxumum 50
quam maxume servire vostris commodis,
sinite impetrare me, qui in tutelam meam
studium suom et se in vostram commisit fidem,
ne <eu>m circumventum inique iniqui inrideant.
mea causa causam accipite et date silentium,   55
ut lubeat scribere aliis mihique ut discere
novas expediat posthac pretio emptas meo.

ACTVS I

Philotis Syra
I.i
PH. Per pol quam paucos reperias meretricibus

fidelis evenire amatores, Syra.
vel hic Pamphilus iurabat quotiens Bacchidi,   60
quam sancte, uti quivis facile posset credere,
numquam illa viva ducturum uxorem domum!
em duxit. **SY.** ergo propterea te sedulo
et moneo et hortor ne quoiusquam misereat,
quin spolies mutiles laceres quemque nacta sis.   65
PH. utine eximium neminem habeam? **SY.** neminem:
nam nemo illorum quisquam, scito, ad te venit
quin ita paret sese abs te ut blanditiis suis
quam minimo pretio s<ua>m voluptatem expleat.
hiscin tu amabo non contra insidiabere?   70
PH. tamen pol eandem iniuriumst esse omnibus.
SY. iniurium autem est ulcisci advorsarios,
aut qua via te captent <ea>dem ipsos capi?
eheu me miseram, quor non aut istaec mihi
aetas et formast aut tibi haec sententia?   75
Parmeno Philotis Syra
I.ii
PA. Senex si quaeret me, modo isse dicito
ad portum percontatum adventum Pamphili.
audin quid dicam, Scirte? si quaeret me, uti
tum dicas; si non quaeret, nullu' dixeris,
alias ut uti possim causa hac integra.   80
sed videon ego Philotium? unde haec advenit?
Philoti', salve multum. **PH.** o salve, Parmeno.
SY. salve mecastor, Parmeno. **PA.** et tu edepol, Syra.
dic mi, ubi, Philoti', te oblectasti tam diu?
PH. minime equidem me oblectavi, quae cum milite   85
Corinthum hinc sum profecta inhumanissimo:
biennium ibi perpetuom misera illum tuli.
PA. edepol te desiderium Athenarum arbitror,
Philotium, cepisse saepe et te tuom
consilium contempsisse. **PH.** non dici potest   90
quam cupida eram huc redeundi, abeundi a milite
vosque hic videndi, antiqua ut consuetudine
agitarem inter vos libere convivium.
nam illi[c] haud licebat nisi praefinito loqui
quae illi placerent. **PA.** haud opinor commode   95
finem statuisse orationi militem.

PH. sed quid hoc negotist? modo quae narravit mihi
hic intu' Bacchi'? quod ego numquam credidi
fore, ut ille hac viva posset animum inducere
uxorem habere. **PA.** habere autem? **PH.** eho tu, an non habet? 100
PA. habet, sed firmae haec vereor ut sint nuptiae.
PH. ita di deaeque faxint, si in rem est Bacchidis.
sed qui istuc credam ita esse dic mihi, Parmeno.
PA. non est opus prolato hoc: percontarier
desiste. **PH.** nempe <ea> causa ut ne id fiat palam? 105
ita me di amabunt, haud propterea te rogo,
uti hoc proferam, sed ut tacita mecum gaudeam.
PA. numquam tam dices commode ut tergum meum
tuam in fidem committam. **PH.** ah noli, Parmeno:
quasi tu non multo malis narrare hoc mihi   110
quam ego quae percontor scire. **PA.** (vera haec praedicat
et illud mihi vitiumst maxumum.) si mihi fidem
das te tacituram, dicam. **PH.** ad ingenium redis.
fidem do: loquere. **PA.** ausculta. **PH.** istic sum. **PA.** hanc Bacchidem
amabat ut quom maxume tum Pamphilus   115
quom pater uxorem ut ducat orare occipit
et haec communia omnium quae sunt patrum,
sese senem esse dicere, illum autem unicum:
praesidium velle se senectuti suae.
ill' primo se negare; sed postquam acrius   120
pater instat, fecit animi ut incertus foret
pudorin anne amori obsequeretur magis.
tundendo atque odio denique effecit senex:
despondit <ei> gnatam hui(u)s vicini proxumi.
usque illud visum est Pamphilo ne utiquam grave   125
donec iam in ipsis nuptiis, postquam videt
paratas nec moram ullam quin ducat dari,
ibi demum ita aegre tulit ut ipsam Bacchidem,
si adesset, credo ibi eiu' commiseresceret.
ubiquomque datum erat spatium solitudinis   130
ut conloqui mecum una posset: "Parmeno,
perii, quid ego egi! in quod me conieci malum!
non potero ferre hoc, Parmeno: perii miser."
PH. at te di deaeque perduint cum istoc odio, Lache!
PA. ut ad pauca redeam, uxorem deducit domum.   135
nocte illa prima virginem non attigit;

quae consecutast nox eam, nihilo magis.
PH. quid ais? cum virgine una adulescens cubuerit
plus potu', sese illa abstinere ut potuerit?
non veri simile dici' neque verum arbitror.   140
PA. credo ita videri tibi. nam nemo ad te venit
nisi cupiens t<ui>; ille invitus illam duxerat.
PH. quid deinde fit? **PA.** diebu' sane pauculis
post Pamphilus me solum seducit foras
narratque ut virgo ab se integra etiam tum siet,   145
seque ante quam eam uxorem duxisset domum,
sperasse eas tolerare posse nuptias.
"sed quam decrerim me non posse diutius
habere, eam ludibrio haberi, Parmeno,
quin integram itidem reddam, ut accepi ab suis,   150
neque honestum mihi neque utile ipsi virginist."
PH. pium ac pudicum ingenium narras Pamphili.
PA. "hoc ego proferre incommodum mi esse arbitror;
reddi patri autem, quoi tu nil dicas viti,
superbumst. sed illam spero, ubi hoc cognoverit   155
non posse se mecum esse, abituram denique."
PH. quid interea? ibatne ad Bacchidem? **PA.** cotidie.
sed ut fit, postquam hunc alienum ab sese videt,
maligna multo et mage procax facta ilico est.
PH. non edepol mirum. **PA.** atque ea res multo maxume   160
diiunxit illum ab illa, postquam et ipse se
et illam et hanc quae domi erat cognovit satis,
ad exemplum ambarum mores <ea>rum existimans.
haec, ita uti liberali esse ingenio decet,
pudens modesta incommoda atque iniurias   165
viri omnis ferre et tegere contumelias.
hic animu' partim uxori' misericordia
devinctu', partim victus hui(u)s iniuriis
paullatim elapsust Bacchidi atque huc transtulit
amorem, postquam par ingenium nactus est.   170
interea in Imbro moritur cognatus senex
horunc: ea ad hos redibat lege hereditas.
eo amantem invitum Pamphilum extrudit pater.
reliquit cum matre hic uxorem; nam senex
rus abdidit se, huc raro in urbem commeat.   175
PH. quid adhuc habent infirmitatis nuptiae?

PA. nunc audies. primo dies complusculos
bene convenibat sane inter eas. interim
miris modis odisse coepit Sostratam:
neque lites ullae inter eas, postulatio   180
numquam. **PH.** quid igitur? **PA.** siquando ad eam accesserat
confabulatum, fugere e conspectu ilico,
videre nolle: denique ubi non quit pati,
simulat se ad matrem accersi ad rem divinam, abit.
ubi illic d<ie>s est compluris, accersi iubet: 185
dixere causam tum nescioquam. iterum iubet:
nemo remisit. postquam accersunt saepius,
aegram esse simulant mulierem. nostra ilico
it visere ad eam: admisit nemo. hoc ubi senex
rescivit, heri ea causa rure huc advenit,   190
patrem continuo convenit Philumenae.
quid egerint inter se nondum etiam scio;
nisi sane curaest quorsum eventurum hoc siet.
habes omnem rem: pergam quo coepi hoc iter.
PH. et quidem ego; nam constitui cum quodam hospite   195
me esse illum conventuram. **PA.** di vortant bene
quod agas! **PH.** vale. **PA.** et tu bene vale, Philotium.

ACTVS II

Laches Sostrata
II.i
LA. Pro deum atque hominum fidem, quod hoc genus est, quae haec
est coniuratio!
utin omnes mulieres eadem aeque studeant nolintque omnia
neque declinatam quicquam ab aliarum ingenio ullam reperias!   200
itaque adeo uno animo omnes socrus oderunt nurus.
viris esse advorsas aeque studiumst, simili' pertinaciast,
in eodemque omnes mihi videntur ludo doctae ad malitiam; et
<ei> ludo, si ullus est, magistram hanc esse sati' certo scio.
SO. me miseram, quae nunc quam ob rem accuser nescio. **LA.** hem
                                                                      205
tu nescis? **SO.** non, ita me di bene ament, mi Lache,
itaque una inter nos agere aetatem liceat. **LA.** di mala prohibeant.
SO. meque abs te inmerito esse accusatam post modo
rescisces. **LA.** scio,

te inmerito? an quicquam pro istis factis dignum te dici potest?
quae me et te et familiam dedecoras, filio luctum paras;   210
tum autem ex amicis inimici ut sint nobis adfines facis,
qui illum decrerunt dignum s<uo>s quoi liberos committerent.
tu sola exorere quae perturbes haec tua inpudentia.
SO. egon? **LA.** tu inquam, mulier, quae me omnino lapidem, non
hominem putas.
an, quia ruri esse crebro soleo, nescire arbitramini   215
quo quisque pacto hic vitam vostrarum exigat?
multo melius hic quae fiunt quam illi[c] ubi sum adsidue scio.
ideo quia, ut vos mihi domi eriti', proinde ego ero fama foris.
iampridem equidem audivi cepisse odium t<ui> Philumenam,
minimeque adeo [est] mirum, et ni id fecisset mage mirum foret;   220
sed non credidi adeo ut etiam totam hanc odisset domum:
quod si scissem illa hic maneret potiu', tu hinc isses foras.
at vide quam inmerito aegritudo haec oritur mi abs te, Sostrata:
rus habitatum abii concedens vobis et r<ei> serviens,
sumptus vostros otiumque ut nostra res posset pati,   225
m<eo> labori haud parcens praeter aequom atque aetatem meam.
non te pro his curasse rebu' nequid aegre esset mihi!
SO. non mea opera neque pol culpa evenit. **LA.** immo maxume:
sola hic f<ui>sti: in te omnis haeret culpa sola, Sostrata.
quae hic erant curares, quom ego vos curis solvi ceteris.   230
cum puella anum suscepisse inimicitias non pudet?
illi(u)s dices culpa factum? **SO.** haud equidem dico, mi Lache.
LA. gaudeo, ita me di ament, gnati causa; nam de te quidem
sati' scio peccando detrimenti nil fieri potest.
SO. qui scis an ea causa, mi vir, me odisse adsimulaverit   235
ut cum matre plus una esset? **LA.** quid ais? non signi hoc sat est,
quod heri nemo voluit visentem ad eam te intro admittere?
SO. enim lassam oppido tum esse <ai>bant: eo ad eam non admissa
sum.
LA. t<uo>s esse ego illi mores morbum mage quam ullam aliam rem
arbitror,
et merito adeo; nam vostrarum nullast quin gnatum velit   240
ducere uxorem; et quae vobis placitast condicio datur:
ubi duxere inpulsu vostro, vostro inpulsu <ea>sdem exigunt.

Phidippvs Laches Sostrata
II.ii
PH. Etsi scio ego, Philumena, m<eu>m ius esse ut te cogam
quae ego imperem facere, ego tamen patrio animo victu' faciam
ut tibi concedam neque tuae lubidini advorsabor.   245
LA. atque eccum Phidippum optume video: hinc iam scibo hoc quid sit.
Phidippe, etsi ego m<ei>s me omnibus scio esse adprime obsequentem,
sed non adeo ut mea facilitas corrumpat illorum animos:
quod tu si idem faceres, magis in rem et vostram et nostram id esset.
nunc video in illarum potestate esse te. **PH.** heia vero.   250
LA. adii te heri de filia: ut veni, itidem incertum amisti.
haud ita decet, si perpetuam hanc vis esse adfinitatem,
celare te iras. siquid est peccatum a nobis profer:
aut ea refellendo aut purgando vobis corrigemus
te iudice ipso. sin east causa retinendi apud vos   255
quia aegrast, te mihi iniuriam facere arbitror, Phidippe,
si metui' satis ut meae domi curetur diligenter.
at ita me di ament, haud tibi hoc concedo--[etsi] illi pater es--
ut tu illam salvam mage velis quam ego: id adeo gnati causa,
quem ego intellexi illam haud minus quam se ipsum magni
facere.   260
neque adeo clam me est quam esse eum graviter laturum credam,
hoc si rescierit: <eo> domum studeo haec priu' quam ille redeat.
PH. Laches, et diligentiam vostram et benignitatem
novi et quae dicis omnia esse ut dicis animum induco,
et te hoc mihi cupio credere: illam ad vos redire studeo   265
si facere possim ullo modo. **LA.** quae res te id facere prohibet?
eho num quid nam accusat virum? **PH.** minime. nam postquam attendi
magis et vi coepi cogere ut rediret, sancte adiurat
non posse apud vos Pamphilo se absente perdurare.
aliud fortasse aliis viti est: ego sum animo leni natus: 270
non possum advorsari meis. **LA.** em Sostrata. **SO.** heu me miseram!
LA. certumne est istuc? **PH.** nunc quidem ut videtur: sed num quid vis?
nam est quod me transire ad forum iam oportet. **LA.** eo tecum una.

Sostrata
II.iii
Edepol ne nos sumus inique aeque omnes invisae viris
propter paucas, quae omnes faciunt dignae ut videamur malo.   275
nam ita me di ament, quod me accusat nunc vir, sum extra noxiam.
sed non facile est expurgatu: ita animum induxerunt socrus
omnis esse iniquas: haud pol mequidem; nam numquam secus
habui illam ac si ex me esset gnata, nec qui hoc mi eveniat scio;
nisi pol filium multimodis iam exspecto ut redeat domum.   280

ACTVS III

Pamphilvs Parmeno (Myrrina)
III.i
PAM. Nemini plura acerba credo esse ex amore homini umquam
oblata
quam mi. heu me infelicem, hancin ego vitam parsi perdere!
hacin causa ego eram tanto opere cupidu' redeundi domum! hui
quanto fuerat praestabilius ubivis gentium agere aetatem
quam huc redire atque haec ita esse miserum me resciscere!   285
nam nos omnes quibus est alicunde aliquis obiectus labos,
omne quod est interea tempu' priu' quam id rescitumst lucrost.
PAR. ac sic citiu' qui te expedias his aerumnis reperias:
si non rediisses, haec irae factae essent multo ampliores.
sed nunc adventum tuom ambas, Pamphile, scio reverituras: 290
rem cognosces, iram expedies, rursum in gratiam restitues.
levia sunt quae tu pergravia esse in animum induxti tuom.
PAM. quid consolare me? an quisquam usquam gentiumst aeque
miser?
priu' quam hanc uxorem duxi habebam alibi animum amori deditum;
tamen numquam ausu' sum recusare <ea>m quam mi obtrudit
pater: 295
iam in hac re, ut taceam, quoivis facile scitust quam fuerim miser.
vix me illi<m> abstraxi atque inpeditum in ea expedivi animum
meum,
vixque huc contuleram: em nova res ortast porro ab hac quae me
abstrahat.
tum matrem ex <ea> re me aut uxorem in culpa inventurum arbitror;
quod quom ita esse invenero, quid restat nisi porro ut fiam
miser?   300

nam matri' ferre iniurias me, Parmeno, pietas iubet;
tum uxori obnoxius sum: ita olim s<uo> me ingenio pertulit,
tot m<ea>s iniurias quae numquam in ullo patefecit loco.
sed magnum nescioquid necessest evenisse, Parmeno,
unde ira inter eas intercessit quae tam permansit diu.   305
PAR. haud quidem hercle: parvom; si vis vero veram rationem exsequi,
non maxumas quae maxumae sunt interdum irae iniurias
faciunt; nam saepe est quibus in rebus aliu' ne iratus quidem est,
quom de <ea>dem causast iracundu' factus inimicissimus.
pueri inter sese quam pro levibu' noxiis iras gerunt   310
quapropter? quia enim qui <eo>s gubernat animus eum infirmum gerunt.
itidem illae mulieres sunt ferme ut pueri levi sententia:
fortasse unum aliquod verbum inter eas iram hanc concivisse.
PAM. abi, Parmeno, intro ac me venisse nuntia. **PAR.** hem quid hoc est? **PAM.** tace.
trepidari sentio et cursari rursum prorsum. **PAR.** agedum, ad fores 315
accedo propius. em sensistin? **PAM.** noli fabularier.
pro Iuppiter, clamorem audivi. **PAR.** tute loqueris, me vetas.
(MY. intus**)** tace obsecro, mea gnata. **PAM.** matri' vox visast
Philumenae.
nullus sum. **PAR.** quidum? **PAM.** perii. **PAR.** quam ob rem? **PAM.**
nescioquod magnum malum
profecto, Parmeno, me celant. **PAR.** uxorem Philumenam   320
pavitare nescioquid dixerunt: id si forte est nescio.
PAM. interii; quor mihi id non dixti? **PAR.** quia non poteram una omnia.
PAM. quid morbi est? **PAR.** nescio. **PAM.** quid? nemon medicum adduxit? **PAR.** nescio.
PAM. cesso hinc ire intro ut hoc quam primum quidquid est certo sciam?
quonam modo, Philumena mea, nunc te offendam adfectam?   325
nam si periclum ullum in te inest, perisse me una haud dubiumst.--
PAR. non usu' factost mihi nunc hunc intro sequi;
nam invisos omnis nos esse illis sentio:
heri nemo voluit Sostratam intro admittere.
si forte morbus amplior factus siet   330
(quod sane nolim, maxume eri causa mei),
servom ilico introisse dicent Sostratae,

aliquid tulisse comminiscentur mali
capiti atque aetati illorum morbu' qui auctu' sit:
era in crimen veniet, ego vero in magnum malum.   335

Sostrata Parmeno Pamphilvs
III.ii
SO. Nescioquid iamdudum audio hic tumultuari misera:
male metuo ne Philumenae mage morbus adgravescat:
quod te, Aesculapi, et te, Salus, nequid sit huius oro.
nunc ad eam visam. **PAR.** heus Sostrata. **SO.** hem. **PAR.** iterum istinc
excludere.
SO. ehem Parmeno, tun hic eras? perii, quid faciam misera?   340
non visam uxorem Pamphili, quom in proxumo hic sit aegra?
PAR. non visas? ne mittas quidem visendi causa quemquam.
nam qui amat quoi odio ipsus est, bis facere stulte duco:
laborem inanem ipsus capit et illi molestiam adfert.
tum filius tuos intro iit videre, ut venit, quid agat.   345
SO. quid ais? an venit Pamphilus? **PAR.** venit. **SO.** dis gratiam habeo.
hem istoc verbo animu' mihi redit et cura ex corde excessit.
PAR. iam ea te causa maxume nunc hoc intro ire nolo;
nam si remittent quidpiam Philumenae dolores,
omnem rem narrabit, scio, continuo sola soli   350
quae inter vos intervenerit, unde ortumst initium irae.
atque eccum video ipsum egredi: quam tristis[es]t! **SO.** o mi gnate!
PAM. mea mater, salve. **SO.** gaudeo venisse salvom. salvan
Philumenast? **PAM.** meliusculast. **SO.** utinam istuc ita di faxint!
quid tu igitur lacrumas? aut quid es tam tristi'? **PAM.** recte, mater. 355
SO. quid f<ui>t tumulti? dic mihi: an dolor repente invasit?
PAM. ita factumst. **SO.** quid morbi est? **PAM.** febris. **SO.** cotidiana?
  PAM. ita aiunt.
i sodes intro, consequar iam te, mea mater. **SO.** fiat.--
PAM. tu pueris curre, Parmeno, obviam atque is onera adiuta.
PAR. quid? non sciunt ipsi viam domum qua veniant? **PAM.** Cessas?
                                                                    360

Pamphilvs
III.iii
Nequeo m<ea>rum rerum initium ullum invenire idoneum
unde exordiar narrare quae necopinanti accidunt;
partim quae perspexi hisce oculis, partim quae accepi auribus:

qua me propter exanimatum citius eduxi foras.
nam modo intro me ut corripui timidus, alio suspicans   365
morbo me visurum adfectam ac sensi esse uxorem: ei mihi!
postquam me aspexere ancillae advenisse, ilico omnes simul
laetae exclamant "venit", id quod me repente aspexerant.
sed continuo voltum earum sensi inmutari omnium,
quia tam incommode illic fors obtulerat adventum meum.   370
una illarum interea propere praecucurrit nuntians
me venisse: ego ei(u)s videndi cupidu' recta consequor.
postquam intro adveni, extemplo eiu' morbum cognovi miser;
nam neque ut celari posset tempu' spatium ullum dabat
neque voce alia ac res monebat ipsa poterat conqueri.   375
postquam aspexi, "o facinus indignum" inquam et corripui ilico
me inde lacrumans, incredibili re atque atroci percitus.
mater consequitur: iam ut limen exirem, ad genua accidit
lacrumans misera: miseritumst. profecto hoc sic est, ut puto:
omnibu' nobis ut res dant sese ita magni atque humiles sumus.   380
hanc habere orationem mecum principio institit:
"o mi Pamphile, abs te quam ob rem haec abierit causam vides;
nam vitiumst oblatum virgini olim a nescioquo inprobo.
nunc huc confugit te atque alios partum ut celaret suom."
sed quom orata huiu' reminiscor nequeo quin lacrumem miser.   385
"quaeque fors fortunast" inquit "nobis quae te hodie obtulit,
per eam te obsecramus ambae, si ius si fas est, uti
advorsa eiu' per te tecta tacitaque apud omnis sient.
si umquam erga te animo esse amico sensisti <ea>m, mi Pamphile,
sine labore hanc gratiam te uti sibi des pro illa nunc rogat.   390
ceterum de reducenda id facias quod in rem sit tuam.
parturire eam nec gravidam esse ex te solus consciu's:
nam aiunt tecum post duobu' concubuisse [eam] mensibus.
tum, postquam ad te venit, mensis agitur hic iam septimus:
quod te scire ipsa indicat res. nunc si potis est, Pamphile,   395
maxume volo doque operam ut clam partus eveniat patrem
atque adeo omnis. sed si id fieri non potest quin sentiant,
dicam abortum esse: scio nemini aliter suspectum fore
quin, quod veri similest, ex te recte eum natum putent.
continuo exponetur: hic tibi nil est quicquam incommodi,   400
et illi miserae indigne factam iniuriam contexeris."
pollicitus sum et servare in eo certumst quod dixi fidem.
nam de reducenda, id vero ne utiquam honestum esse arbitror

nec faciam, etsi amor me graviter consuetudoque ei(u)s tenet.
lacrumo quae posthac futurast vita quom in mentem venit   405
solitudoque. o fortuna, ut numquam perpetuo's data!
sed iam prior amor me ad hanc rem exercitatum reddidit,
quem ego tum consilio missum feci: idem [nunc] huc operam dabo.
adest Parmeno cum pueris: hunc minimest opus
in hac re adesse; nam olim soli credidi   410
ea me abstinuisse in principio quom datast.
vereor, si clamorem ei(u)s hic crebro exaudiat,
ne parturire intellegat. aliquo mihist
hinc ablegandu' dum parit Philumena.

Parmeno Sosia Pamphilvs
III.iv
PAR. Ain tu tibi hoc incommodum evenisse iter?   415
SO. non hercle verbis, Parmeno, dici potest
tantum quam re ipsa navigare incommodumst.
PAR. itan est? **SO.** o fortunate, nescis quid mali
praeterieris qui numquam es ingressus mare.
nam alias ut mittam miserias, unam hanc vide: 420
dies triginta aut plus eo in navi fui
quom interea semper mortem exspectabam miser;
ita usque advorsa tempestate usi sumus.
PAR. odiosum. **SO.** haud clam me est. denique hercle aufugerim
potius quam redeam, si <eo> mihi redeundum sciam.   425
PAR. olim quidem te causae inpellebant leves,
quod nunc minitare facere, ut faceres, Sosia.
sed Pamphilum ipsum video stare ante ostium:
ite intro; ego hunc adibo, siquid me velit.--
ere, etiam [nunc] tu hic stas? **PAM.** et quidem te exspecto. **PAR.** quid
est?   430
PAM. in arcem transcurso opus est. **PAR.** quoi homini? **PAM.** tibi.
PAR. in arcem? quid eo? **PAM.** Callidemidem hospitem
Myconium, qui mecum una vectust, conveni.
PAR. perii. vovisse hunc dicam, si salvos domum
redisset umquam, ut me ambulando rumperet?   435
PAM. quid cessas? **PAR.** quid vis dicam? an conveniam modo?
PAM. immo quod constitui me hodie conventurum eum,
non posse, ne me frustra illi exspectet. vola.
PAR. at non novi homini' faciem. **PAM.** at faciam ut noveris:

magnu' rubicundu' crispu' crassu' caesius   440
cadaverosa facie. **PAR.** di illum perduint!
quid si non veniet? maneamne usque ad vesperum?
PAM. maneto: curre. **PAR.** non queo: ita defessu' sum.--
PAM. ille abiit. quid agam infelix? prorsus nescio
quo pacto hoc celem quod me oravit Myrrina,   445
s<uae> gnatae partum; nam me miseret mulieris.
quod potero faciam, tamen ut pietatem colam;
nam me parenti potiu' quam amori obsequi
oportet. attat eccum Phidippum et patrem
video: horsum pergunt. quid dicam hisce incertu' sum.   450

Laches Phidippvs Pamphilvs
III.v
LA. Dixtin dudum illam dixisse se exspectare filium?
PH. factum. **LA.** venisse aiunt: redeat. **PA.** causam quam dicam patri
quam ob rem non redducam nescio. **LA.** quem ego hic audivi loqui?
PA. certum offirmare est viam me quam decrevi persequi.
LA. ipsus est de quo hoc agebam tecum. **PA.** salve, mi pater.   455
LA. gnate mi, salve. **PH.** bene factum te advenisse, Pamphile;
atque adeo, id quod maxumumst, salvom atque validum. **PA.** creditur.
LA. advenis modo? **PA.** admodum. **LA.** cedo, quid reliquit Phania
consobrinu' noster? **PA.** sane hercle homo voluptati obsequens
f<ui>t dum vixit; et qui sic sunt haud multum heredem iuvant,   460
sibi vero hanc laudem relinquont "vixit, dum vixit, bene."
LA. tum tu igitur nil attulisti plus una hac sententia?
PA. quidquid est id quod reliquit, profuit. **LA.** immo obfuit;
nam illum vivom et salvom vellem. **PH.** inpune optare istuc licet:
ill' revivescet iam numquam; et tamen utrum malis scio.   465
LA. heri Philumenam ad se accersi hic iussit. dic iussisse te.
PH. noli fodere. iussi. **LA.** sed eam iam remittet. **PH.** scilicet.
PA. omnem rem scio ut sit gesta: adveniens audivi modo.
LA. at istos invidos di perdant qui haec lubenter nuntiant.
PA. ego me scio cavisse ne ulla merito contumelia   470
fieri a vobis posset; idque si nunc memorare hic velim
quam fideli animo et benigno in illam et clementi fui,
vere possum, ni te ex ipsa haec mage velim resciscere;
namque <eo> pacto maxume apud te meo erit ingenio fides,
quom illa, quae nunc in me iniquast, aequa de me dixerit.   475
neque mea culpa hoc discidium evenisse, id testor deos.

sed quando sese esse indignam deputat matri meae
quae concedat cui(u)sque mores toleret sua modestia,
neque alio pacto componi potest inter eas gratia,
segreganda aut mater a me est, Phidippe, aut Philumena.   480
nunc me pietas matri' potiu' commodum suadet sequi.
LA. Pamphile, haud invito ad auris sermo mi accessit tuos,
quom te postputasse omnis res prae parente intellego;
verum vide ne inpulsus ira prave insistas, Pamphile.
PA. quibus iris pulsu' nunc in illam iniquo' sim   485
quae numquam quicquam erga me commeritast, pater,
quod nollem, et saepe quod vellem meritam scio?
amoque et laudo et vehementer desidero;
nam f<ui>sse erga me miro ingenio expertu' sum;
illique exopto ut relicuam vitam exigat   490
cum eo viro me qui sit fortunatior,
quandoquidem illam a me distrahit necessitas.
PH. tibi id in manust ne fiat. **LA.** si sanus sies:
iube illam redire. **PA.** non est consilium, pater:
matris servibo commodis. **LA.** quo abis? mane   495
mane, inquam: quo abis?-- **PH.** quae haec est pertinacia?
LA. dixin, Phidippe, hanc rem aegre laturum esse eum?
quam ob rem te orabam filiam ut remitteres.
PH. non credidi edepol adeo inhumanum fore.
ita nunc is sibi me supplicaturum putat?   500
si est ut velit reducere uxorem, licet;
sin aliost animo, renumeret dotem huc, eat.
LA. ecce autem tu quoque proterve iracundus es!
PH. percontumax redisti huc nobis, Pamphile!
LA. decedet iam ira haec, etsi merito iratus est.   505
PH. quia paullum vobis accessit pecuniae,
sublati animi sunt. **LA.** etiam mecum litigas?
PH. deliberet renuntietque hodie mihi
velitne an non, ut alii, si huic non est, siet.
LA. Phidippe, ades, audi paucis.-- abiit. quid mea?   510
postremo inter se transigant ipsi ut lubet,
quando nec gnatu' neque hic mi quicquam obtemperant,
quae dico parvi pendunt. porto hoc iurgium
ad uxorem quoi(u)s haec fiunt consilio omnia,
atque in eam hoc omne quod mihi aegrest evomam.   515

ACTVS IV

Myrrina Phidippvs
IV.i

MY. Perii, quid agam? quo me vortam? quid viro m<eo> respondebo
misera? nam audivisse vocem pueri visust vagientis;
ita corripuit derepente tacitu' sese ad filiam.
quod si rescierit peperisse eam, id qua causa clam me habuisse
dicam non edepol scio.   520
sed ostium concrepuit. credo ipsum exire ad me: nulla sum.
PH. uxor ubi me ad filiam ire sensit, se duxit foras:
atque eccam: video. quid ais, Myrrina? heus tibi dico. **MY.** mihine, vir?
PH. vir ego tuo' sim? tu virum me aut hominem deputas adeo esse?
nam si utrumvis horum, mulier, umquam tibi visus forem,   525
non sic ludibrio t<ui>s factis habitus essem. **MY.** quibus? **PH.** at
rogitas?
peperit filia: hem taces? ex qui? **MY.** istuc patrem rogare est aequom.
perii! ex quo censes nisi ex illo quoi datast nuptum obsecro?
PH. credo: neque adeo arbitrari patris est aliter. sed demiror
quid sit quam ob rem hunc tanto opere omnis nos celare volueris   530
partum, praesertim quom et recte et tempore suo pepererit.
adeon pervicaci esse animo ut puerum praeoptares perire,
ex quo firmiorem inter nos fore amicitiam posthac scires,
potiu' quam advorsum animi t<ui> lubidinem esset cum illo nupta!
ego etiam illorum esse hanc culpam credidi, quae test penes.   535
MY. misera sum. **PH.** utinam sciam ita esse istuc! sed nunc mi in
mentem venit
de hac re quod locuta es olim, quom illum generum cepimus:
nam negabas nuptam posse filiam t<ua>m te pati
cum eo qui meretricem amaret, qui pernoctaret foris.
MY. (quamvis causam hunc suspicari quam ipsam veram mavolo.) 540
PH. multo priu' scivi quam tu illum habere amicam, Myrrina;
verum id vitium numquam decrevi esse ego adulescentiae;
nam id [omnibus] innatumst. at pol iam aderit se quoque etiam quom
oderit.
sed ut olim te ostendisti, eadem esse nil cessavisti usque adhuc
ut filiam ab eo abduceres neu quod ego egissem esset ratum.   545
id nunc res indicium haec facit quo pacto factum volueris.
MY. adeon me esse pervicacem censes, quoi mater siem,
ut eo essem animo, si ex usu esset nostro hoc matrimonium?

PH. tun prospicere aut iudicare nostram in rem quod sit potes?
audisti ex aliquo fortasse qui vidisse \<eu>m diceret   550
exeuntem aut intro euntem ad amicam. quid tum postea?
si modeste ac raro haec fecit, nonne ea dissimulare nos
magis humanumst quam dare operam id scire qui nos oderit?
nam si is posset ab ea sese derepente avellere
quicum tot consuesset annos, non eum hominem ducerem   555
nec virum sati' firmum gnatae. **MY.** mitte adulescentem obsecro
et quae me peccasse ais. abi, solu' solum conveni,
roga velitne uxorem an non: si est ut dicat velle se,
redde; sin est autem ut nolit, recte ego consului meae.
PH. siquidem ille ipse non volt et tu sen[si]sti in eo esse, Myrrina, 560
peccatum, aderam quoi(u)s consilio fuerat ea par prospici.
quam ob rem incendor ira esse ausam facere haec te iniussu meo.
interdico ne extulisse extra aedis puerum usquam velis.
sed ego stultior m\<ei>s dictis parere hanc qui postulem.
ibo intro atque edicam servis nequoquam ecferri sinant.--   565
MY. nullam pol credo mulierem me miseriorem vivere:
nam ut hic laturus hoc sit, si ipsam rem ut siet resciverit,
non edepol clam me est, quom hoc quod leviust tam animo irato tulit;
nec qua via sententia eiu' possit mutari scio.
hoc mi unum ex plurumis miseriis relicuom fuerat malum,   570
si puerum ut tollam cogit, quoi(u)s nos qui sit nescimus pater.
nam quom compressast gnata, forma in tenebris nosci non quitast,
neque detractum \<ei> tum quicquamst qui posset post nosci qui siet;
ipse eripuit vi, in digito quem habuit, virgini abiens anulum.
simul vereor Pamphilum ne orata nostra nequeat diutius   575
celare, quom sciet alienum puerum tolli pro suo.

Sostrata Pamphilvs (Laches)
IV.ii
SO. Non clam me est, gnate mi, tibi me esse suspectam, uxorem tuam
propter m\<eo>s mores hinc abisse, etsi ea dissimulas sedulo.
verum ita me di ament itaque optingant ex te quae exoptem mihi ut
numquam sciens commerui merito ut caperet odium illam mei. 580
teque ante quod me amare rebar, \<ei> rei firmasti fidem;
nam mi intu' tuo' pater narravit modo quo pacto me habueris
praepositam amori t\<uo>: nunc tibi me certumst contra gratiam
referre ut apud me praemium esse positum pietati scias.
mi Pamphile, hoc et vobis et meae commodum famae arbitror: 585

ego rus abituram hinc cum t<uo> me esse certo decrevi patre,
ne mea praesentia obstet neu causa ulla restet relicua
quin tua Philumena ad te redeat. **PA.** quaeso quid istuc consilist?
illi(u)s stultitia victa ex urbe tu rus habitatum migres?
haud facies, neque sinam ut qui nobis, mater, male dictum velit,   590
mea pertinacia esse dicat factum, haud tua modestia.
tum t<ua>s amicas te et cognatas deserere et festos dies
mea causa nolo. **SO.** nil pol iam istaec mihi res voluptatis ferunt:
dum aetati' tempu' tulit, perfuncta sati' sum: satias iam tenet
studiorum istorum. haec mihi nunc curast maxuma ut nequoi mea 595
longinquitas aetatis obstet mortemve exspectet meam.
hic video me esse invisam inmerito: tempust me concedere.
sic optume, ut ego opinor, omnis causas praecidam omnibus:
et me hac suspicione exsolvam et illis morem gessero.
sine me obsecro hoc effugere volgu' quod male audit mulierum.   600
PA. quam fortunatu' ceteris sum rebus, absque una hac foret,
hanc matrem habens talem, illam autem uxorem! **SO.** obsecro, mi
Pamphile,
non tute incommodam rem, ut quaeque est, in animum induces pati?
si cetera ita sunt ut vis itaque uti esse ego illa[m] existumo,
mi gnate, da veniam hanc mihi, redduc illam. **PA.** vae misero mihi!   605
SO. et mihi quidem; nam haec res non minu' me male habet quam te,
gnate mi.

Laches Sostrata Pamphilvs
IV.iii
LA. Quem cum istoc sermonem habueris procul hinc stans accepi,
uxor.
istuc est sapere, qui ubiquomque opu' sit animum possis flectere;
quod sit faciundum fortasse post, idem hoc nunc si feceris.
SO. fors fuat pol. **LA.** abi rus ergo hinc: ibi ego te et tu me feres.   610
SO. spero ecastor. **LA.** i ergo intro et compone quae tecum simul
ferantur: dixi. **SO.** ita ut iubes faciam.-- **PA.** pater.
LA. quid vis, Pamphile? **PA.** hinc abire matrem? minime. **LA.** quid ita
istuc vis?
PA. quia de uxore incertu' sum etiam quid sim facturus. **LA.** quid est?
quid vis facere nisi redducere? **PA.** equidem cupio et vix contineor;615
sed non minuam m<eu>m consilium: ex usu quod est id persequar:
credo <ea> gratia concordes [magis], si non redducam, fore.
LA. nescias: verum id tua refert nil utrum illaec fecerint

quando haec aberit. odiosa haec est aetas adulescentulis.
e medio aequom excedere est: postremo nos iam fabulae   620
sumu', Pamphile, "senex atque anus."
sed video Phidippum egredi per tempus: accedamus.

Phidippvs Laches Pamphilvs
IV.iv

PH. Tibi quoque edepol sum iratus, Philumena,
graviter quidem; nam hercle factumst abs te turpiter.
etsi tibi causast de hac re: mater te inpulit.   625
huic vero nullast. **LA.** opportune te mihi,
Phidippe, in ipso tempore ostendis. **PH.** quid est?
PA. quid respondebo his? aut quo pacto hoc aperiam?
LA. dic filiae rus concessurum hinc Sostratam,
ne revereatur minu' iam quo redeat domum. **PH.** ah   630
nullam de his rebu' culpam commeruit tua:
a Myrrina haec sunt mea uxore exorta omnia.
<PA.> mutatio fit. **<PH.>** ea nos perturbat, Lache.
PA. dum ne redducam, turbent porro quam velint.
PH. ego, Pamphile, esse inter nos, si fieri potest,   635
adfinitatem hanc sane perpetuam volo;
sin est ut aliter tua siet sententia,
accipias puerum. **PA.** sensit peperisse: occidi.
LA. puerum? quem puerum? **PH.** natus est nobis nepos.
nam abducta a vobis praegnas fuerat filia,   640
neque f<ui>sse praegnatem umquam ante hunc scivi diem.
LA. bene, ita me di ament, nuntias, et gaudeo
natum, tibi illam salvam. sed quid mulieris
uxorem habes aut quibu' moratam moribus?
nosne hoc celatos tam diu! nequeo satis   645
quam hoc mihi videtur factum prave proloqui.
PH. non tibi illud factum minu' placet quam mihi, Lache.
PA. etiamsi dudum fuerat ambiguom hoc mihi,
nunc non est quom eam [con]sequitur alienus puer.
LA. nulla tibi, Pamphile, hic iam consultatiost.   650
PA. perii. **LA.** hunc videre saepe optabamus diem
quom ex te esset aliqui' qui te appellaret patrem.
evenit: habeo gratiam dis. **PA.** nullu' sum.
LA. redduc uxorem ac noli advorsari mihi.
PA. pater, si ex me illa liberos vellet sibi   655

aut sese mecum nuptam, sati' certo scio,
non clam me haberet quae celasse intellego.
nunc quom eius alienum esse animum a me sentiam
(nec conventurum inter nos posthac arbitror),
quam ob rem redducam? **LA.** mater quod suasit sua   660
adulescens mulier fecit. mirandum[ne] id siet?
censen te posse reperire ullam mulierem
quae careat culpa? an quia non delincunt viri?
PH. vosmet videte iam, Lache et tu Pamphile,
remissan opu' sit vobis redductan domum.   665
uxor quid faciat in manu non est mea:
neutra in re vobis difficultas a me erit.
sed quid faciemu' puero? **LA.** ridicule rogas:
quidquid futurumst, huic suom reddas scilicet
ut alamu' nostrum. **PA.** quem ipse neglexit pater,   670
ego alam? **LA.** quid dixti? eho an non alemu', Pamphile?
prodemu' quaeso potiu'? quae haec amentiast?
enimvero prorsu' iam tacere non queo;
nam cogis ea quae nolo ut praesente hoc loquar.
ignarum censes t<ua>rum lacrumarum esse me   675
aut quid sit id quod sollicitare ad hunc modum?
primum hanc ubi dixti causam, te propter tuam
matrem non posse habere hanc uxorem domi,
pollicitast ea se concessuram ex aedibus.
nunc postquam ademptam hanc quoque tibi causam vides,   680
puer quia clam test natu', nactus alteram es.
erras tui animi si me esse ignarum putas.
aliquando tandem huc animum ut adiungas tuom.
quam longum spatium amandi amicam tibi dedi!
sumptus quos fecisti in eam quam animo aequo tuli!   685
egi atque oravi tecum uxorem ut duceres,
tempus dixi esse: inpulsu duxisti meo;
quae tum obsecutu' mihi fecisti ut decuerat.
nunc animum rursum ad meretricem induxti tuom;
quoi tu obsecutu' facis huic adeo iniuriam.   690
nam in eandem vitam te revolutum denuo
video esse. **PA.** mene? **LA.** te ipsum: et facis iniuriam;
confingi' falsas causas ad discordiam,
ut cum illa vivas, testem hanc quom abs te amoveris.
sensitque adeo uxor; nam <ei> causa alia quae fuit   695

56

quam ob rem abs te abiret? **PH.** plane hic divinat: nam id est.
PA. dabo iusiurandum nil esse istorum mihi. **LA.** ah
redduc uxorem aut quam ob rem non opu' sit cedo.
PA. non est nunc tempu'. **LA.** puerum accipias; nam is quidem
in culpa non est: post de matre videro.   700
PA. omnibu' modis miser sum nec quid agam scio;
tot nunc me rebu' miserum concludit pater.
abibo hinc, praesens quando promoveo parum.
nam puerum iniussu credo non tollent meo,
praesertim in ea re quom sit mi adiutrix socrus.   705
LA. fugis? hem, nec quicquam certi respondes mihi?--
num tibi videtur esse apud sese? sine:
puerum, Phidippe, mihi cedo: ego alam. **PH.** maxume.
non mirum fecit uxor [mea] si hoc aegre tulit:
amarae mulieres sunt, non facile haec ferunt.   710
propterea haec irast; nam ipsa narravit mihi.
id ego hoc praesente tibi nolueram dicere,
neque illi credebam primo: nunc verum palamst.
nam omnino abhorrere animum huic video a nuptiis.
LA. quid ergo agam, Phidippe? quid das consili?   715
PH. quid agas? meretricem hanc primum adeundam censeo:
oremus accusemu' graviu' denique
minitemur si cum illo habuerit rem postea.
LA. faciam ut mones. eho puer<e>, curre ad Bacchidem hanc
vicinam nostram: huc evoca verbis meis.   720
et te oro porro in hac re adiutor sis mihi. **PH.** ah
iamdudum dixi idemque nunc dico, Lache:
manere adfinitatem hanc inter nos volo,
si ullo modo est ut possit: quod spero fore.
sed vin adesse me una dum istam convenis?   725
LA. immo vero abi, aliquam puero nutricem para.

ACTVS V

Bacchis Laches
V.i
BA. Non hoc de nihilost quod Laches me nunc conventam esse expetit;
nec pol me multum fallit quin quod suspicor sit quod velit.
LA. videndumst ne minu' propter iram hanc impetrem quam
possi<e>m,

aut nequid faciam plus quod post me minu' fecisse satiu' sit.   730
adgrediar. Bacchi', salve.

BA. salve, Lache. **LA.** credo edepol te non nil mirari, Bacchis,
quid sit quapropter te huc foras puerum evocare iussi.

BA. ego pol quoque etiam timida sum quom venit mi in mentem quae
sim,
ne nomen mihi quaesti obsiet; nam mores facile tutor.   735

LA. si vera dici' nil tibist a me pericli, mulier;
nam iam aetate ea sum ut non siet peccato mi ignosci aequom:
quo magis omnis res cautius ne temere faciam adcuro.
nam si id facis facturave es bonas quod par est facere,
inscitum offerre iniuriam tibi [me] inmerenti iniquom est.   740

BA. est magna ecastor gratia de istac re quam tibi habeam;
nam qui post factam iniuriam se expurget parum mi prosit.
sed quid istuc est? **LA.** m<eu>m receptas filium ad te
Pamphilum. **BA.** ah.

LA. sine dicam: uxorem hanc priu' quam duxit, vostrum amorem
pertuli.
mane: nondum etiam dixi id quod volui. hic nunc uxorem habet: 745
quaere alium tibi firmiorem [amicum] dum tibi tempu' consulendi est;
nam neque ille hoc animo erit aetatem neque pol tu eadem istac
aetate.

BA. quis id ait? **LA.** socrus. **BA.** men? **LA.** te ipsam: et filiam abduxit
suam,
puerumque ob eam rem clam voluit, natu' qui est, exstinguere.

BA. aliud si scirem qui firmare meam apud vos possem fidem   750
sanctius quam iusiurandum, id pollicerer tibi, Lache,
me segregatum habuisse, uxorem ut duxit, a me Pamphilum.

LA. lepida es. sed scin quid volo potius sodes facias? **BA.** quid vis?
cedo.

LA. eas ad mulieres huc intro atque istuc iusiurandum idem
polliceare illis. exple animum is teque hoc crimine expedi.   755

BA. faciam quod pol, si esset alia ex hoc quaestu, haud faceret, scio,
ut de tali causa nuptae mulieri se ostenderet.
sed nolo esse falsa fama gnatum suspectum tuom,
nec leviorem vobis, quibus est minime aequom, <eu>m viderier
inmerito; nam meritu' de me est quod queam illi ut commodem.   760

LA. facilem benivolumque lingua tua iam tibi me reddidit:
nam non sunt solae arbitratae haec; ego quoque etiam credidi.
nunc quam ego te esse praeter nostram opinionem comperi,

fac eadem ut sis porro: nostra utere amicitia ut voles.
aliter si facies--reprimam me ne aegre quicquam ex me audias.   765
verum hoc moneo unum, qualis sim amicus aut quid possiem
potiu' quam inimicus, periclum facias.

Phidippvs Laches Bacchis
V.ii
        PH. Nil apud me tibi
defieri patiar, quin quod opu' sit benigne praebeatur.
sed quom tu satura atque ebria eri', puer ut satur sit facito.
LA. noster socer, video, venit: puero nutricem adducit.   770
Phidippe, Bacchis deierat persancte . . **PH.** haecin east? **LA.** haec est.
PH. nec pol istae metuont d<eo>s neque eas respicere d<eo>s opinor.
BA. ancillas dedo: quolubet cruciatu per me exquire.
haec res hic agitur: Pamphilo me facere ut redeat uxor
oportet: quod si perficio non paenitet me famae,   775
solam fecisse id quod aliae meretrices facere fugitant.
LA. Phidippe, nostras mulieres suspectas f<ui>sse falso
nobis in re ipsa invenimus: porro hanc nunc experiamur.
nam si compererit crimini tua se uxor credidisse,
missam iram faciet; sin autem est ob eam rem iratu' gnatus   780
quod peperit uxor clam, id levest: cito ab eo haec ira abscedet.
profecto in hac re nil malist quod sit discidio dignum.
PH. velim quidem hercle. **LA.** exquire: adest: quod sati' sit faciet ipsa.
PH. quid mihi istaec narras? an quia non tute ipse dudum audisti
de hac re animu' meus ut sit, Laches? illis modo explete animum. 785
LA. quaeso edepol, Bacchi', quod mihi es pollicita tute ut serves.
BA. ob eam rem vin ego introeam? **LA.** i, atque exple animum is, coge
ut credant.
BA. eo, etsi scio pol is fore m<eu>m conspectum invisum hodie.
nam nupta meretrici hostis est, a viro ubi segregatast.
LA. at haec amicae erunt, ubi quam ob rem adveneris resciscent.   790
PH. at easdem amicas fore tibi promitto rem ubi cognorint;
nam illas errore et te simul suspicione exsolves.
BA. perii, pudet Philumenae. me sequimini huc intro ambae.--
LA. quid est quod mihi malim quam quod huic intellego evenire,
ut gratiam ineat sine suo dispendio et mihi prosit?   795
nam si est ut haec nunc Pamphilum vere ab se segregarit,
scit sibi nobilitatem ex eo et rem natam et gloriam esse:
referet gratiam ei unaque nos sibi opera amicos iunget.

Parmeno Bacchis

V.iii

PA. Edepol ne meam erus esse operam deputat parvi preti,
qui ob rem nullam misit frustra ubi totum desedi diem,   800
Myconium hospitem dum exspecto in arce Callidemidem.
itaque ineptus hodie dum illi sedeo, ut quisque venerat,
accedebam: "adulescens, dicdum quaeso mi, es tu Myconius?"
"non sum." "at Callidemides?" "non." "hospitem ecquem Pamphilum
hic habes?" omnes negabant: neque eum quemquam esse arbitror.805
denique hercle iam pudebat: abii. sed quid Bacchidem
ab nostro adfine exeuntem video? quid huic hic est rei?
BA. Parmeno, opportune te offers: propere curre ad Pamphilum.
PA. quid eo? **BA.** dic me orare ut veniat. **PA.** ad te? **BA.** immo ad
Philumenam.
PA. quid rei est? **BA.** tua quod nil refert percontari desinas.   810
PA. nil aliud dicam? **BA.** etiam: cognosse anulum illum Myrrinam
gnatae s<uae> fuisse quem ipsus olim mi dederat. **PA.** scio.
tantumne est? **BA.** tantum: aderit continuo hoc ubi ex te audi<v>erit.
sed cessas? **PA.** minime equidem; nam hodie mihi potestas haud
datast;
ita cursando atque ambulando totum hunc contrivi diem.   815

Bacchis

Quantam obtuli adventu meo laetitiam Pamphilo hodie!
quot commodas res attuli! quot autem ademi curas!
gnatum <ei> restituo, qui paene harunc ipsi(u)sque opera periit;
uxorem, quam numquam est ratus posthac se habiturum, reddo;
qua re suspectu' s<uo> patri et Phidippo fuit, exsolvi: 820
hic adeo his rebus anulus fuit initium inveniundis.
nam memini abhinc mensis decem fere ad me nocte prima
confugere anhelantem domum sine comite, vini plenum,
cum hoc anulo: extimui ilico: "mi Pamphile," inquam "amabo,
quid exanimatu's obsecro? aut unde anulum istum nactu's?   825
dic mi." ille alias res agere se simulare. postquam id video,
nescioquid suspicarier mage coepi, instare ut dicat.
homo se fatetur vi in via nescioquam compressisse,
dicitque sese illi anulum, dum luctat, detraxisse.
eum haec cognovit Myrrina in digito modo me habente[m],   830
rogat unde sit: narro omnia haec: inde est cognitio facta
Philumenam compressam esse ab eo et filium inde hunc natum.
haec tot propter me gaudia illi contigisse laetor:

etsi hoc meretrices aliae nolunt; neque enim est in rem nostram
ut quisquam amator nuptiis laetetur. verum ecastor   835
numquam animum quaesti gratia ad malas adducam partis.
ego dum illo licitumst usa sum benigno et lepido et comi.
incommode mihi nuptiis evenit, factum fateor:
at pol me fecisse arbitror ne id merito mi eveniret.
multa ex quo fuerint commoda, ei(u)s incommoda aequomst ferre.840

Pamphilvs Parmeno Bacchis
V.iv

PAM. Vide, mi Parmeno, etiam sodes ut mi haec certa et clara attuleris,
ne me in breve conicias tempu' gaudio hoc falso frui.
PAR. visumst. **PAM.** certen? **PAR.** certe. **PAM.** deu' sum si hoc itast.
   PAR. verum reperies.
PAM. manedum sodes: timeo ne aliud credam atque aliud nunties.
PAR. maneo. **PAM.** sic te dix[iss]e opinor, invenisse Myrrinam   845
Bacchidem anulum suom habere. **PAR.** factum. **PAM.** <eu>m quem
olim ei dedi:
eaque hoc te mihi nuntiare iussit. itanest factum? **PAR.** ita, inquam.
PAM. quis me est fortunatior venustati'que adeo plenior?
egon pro hoc te nuntio qui donem? qui? qui? nescio.
PAR. at ego scio. **PAM.** quid? **PAR.** nihilo enim;   850
nam neque in nuntio neque in me ipso tibi boni quid sit scio.
PAM. egon qui ab Orco mortuom me reducem in lucem feceris
sinam sine munere a me abire? ah nimium me ignavom putas.
sed Bacchidem eccam video stare ante ostium:
me exspectat credo: adibo. **BA.** salve, Pamphile.   855
PAM. o Bacchis, o mea Bacchi', servatrix mea!
BA. bene factum et volup est. **PAM.** factis ut credam facis;
antiquamque adeo t<ua>m venustatem obtines
ut voluptati obitu' sermo adventu' tuo', quoquomque adveneris,
semper siet. **BA.** at tu ecastor morem antiquom atque ingenium
obtines   860
ut unus hominum homo te vivat numquam quisquam blandior.
PAM. hahahae, tun mihi istuc? **BA.** recte amasti, Pamphile, uxorem
tuam;
nam numquam ante hunc diem m<ei>s oculis <ea>m, quod nossem,
videram:
perliberali' visast. **PAM.** dic verum. **BA.** ita me di ament, Pamphile.
PAM. dic mi, harunc rerum numquid dixti iam patri? **BA.** nil.

PAM. neque opus est   865
adeo muttito. placet non fieri hoc itidem ut in comoediis
omnia omnes ubi resciscunt. hic quos par fuerat resciscere
sciunt; quos non autem aequomst scire neque resciscent neque scient.
BA. immo etiam qui hoc occultari facilius credas dabo.
Myrrina ita Phidippo dixit iureiurando meo   870
se fidem habuisse et propterea te sibi purgatum. **PAM.** optumest:
speroque hanc rem esse eventuram nobis ex sententia.--
PAR. ere, licetne scire ex te hodie, quid sit quod feci boni?
aut quid istuc est quod vos agiti'? **PAM.** non licet. **PAR.** tamen
suspicor:
ego hunc ab Orco mortuom quo pacto . . ! **PAM.** nescis, Parmeno, 875
quantum hodie profueris mihi et ex quanta aerumna extraxeris.
PAR. immo vero scio, neque [hoc] inprudens feci. **PAM.** ego istuc sati'
scio.
   PAR. an temere quicquam Parmeno praetereat quod facto usu' sit?
PAM. sequere me intro, Parmeno. **PAR.** sequor. equidem plus hodie
boni
feci inprudens quam sciens ante hunc diem umquam.
CANTOR. plaudite!

EVNVCHVS

DIDASCALIA

INCIPIT EVNVCHVS TERENTI
ACTA LVDIS MEGALENSIBVS
L. POSTVMIO ALBINO L. CORNELIO MERVLA AEDILIBVS
CVRVLIBVS
EGERE L. AMBIVIVS TVRPIO L. ATILIVS PRAENESTINVS
MODOS FECIT FLACCVS CLAVDI
TIBIIS DVABVS DEXTRIS
GRAECA MENANDRV
FACTA II M. VALERIO C. FANNIO COS.

PERSONAE
(PROLOGVS)
PHAEDRIA ADVLESCENS
PARMENO SERVOS
THAIS MERETRIX
GNATHO PARASITVS
CHAEREA ADVLESCENS
THRASO MILES
PYTHIAS ANCILLA
CHREMES ADVLESCENS
ANTIPHO ADVLESCENS
DORIAS ANCILLA
DORVS EVNVCHVS
SANGA SERVOS
SOPHRONA NVTRIX
SENEX (DEMEA seu LACHES)
(CANTOR)
PERIOCHA

C. SVLPICI APOLLINARIS
Sororem falso dictitatam Thaidis

id ipsum ignorans miles advexit Thraso
ipsique donat. erat haec civis Attica.
eidem eunuchum, quem emerat, tradi iubet
Thaidis amator Phaedria ac rus ipse abit
Thrasoni oratus biduum concederet.
ephebus frater Phaedriae puellulam
cum deperiret dono missam Thaidi,
ornatu eunuchi induitur (suadet Parmeno):
introiit, vitiat virginem. sed Atticus
civis repertus frater eius conlocat
vitiatam ephebo; Phaedriam exorat Thraso.

PROLOGVS

Si quisquamst qui placere se studeat bonis
quam plurimis et minime multos laedere,
in is poeta hic nomen profitetur suom.
tum siquis est qui dictum in se inclementius
existumavit esse, sic existumet   5
responsum, non dictum esse, quia laesit prior.
qui bene vortendo et easdem scribendo male
ex Graecis bonis Latinas fecit non bonas,
idem Menandri Phasma nunc nuper dedit,
atque in Thesauro scripsit causam dicere   10
prius unde petitur, aurum qua re sit suom,
quam illic qui petit, unde is sit thensaurus sibi
aut unde in patrium monumentum pervenerit.
de(h)inc ne frustretur ipse se aut sic cogitet
"defunctu' iam sum, nil est quod dicat mihi":   15
is ne erret moneo, et desinat lacessere.
habeo alia multa quae nunc condonabitur,
quae proferentur post si perget laedere
ita ut facere instituit. quam nunc acturi sumus
Menandri Eunuchum, postquam aediles emerunt,   20
perfecit sibi ut inspiciundi esset copia.
magistratu' quom ibi adesset occeptast agi.
exclamat furem, non poetam fabulam
dedisse et nil dedisse verborum tamen:
Colacem esse Naevi, et Plauti veterem fabulam;   25
parasiti personam inde ablatam et militis.
si id est peccatum, peccatum inprudentiast
poetae, non quo furtum facere studuerit.

id ita esse vos iam iudicare poteritis.
Colax Menandrist: in east parasitus Colax   30
et miles gloriosus: <ea>s se non negat
personas transtulisse in Eunuchum suam
ex Graeca; sed eas fabulas factas prius
Latinas scisse sese id vero pernegat.
quod si personis isdem huic uti non licet: 35
qui mage licet currentem servom scribere,
bonas matronas facere, meretrices malas,
parasitum edacem, gloriosum militem,
puerum supponi, falli per servom senem,
amare odisse suspicari? denique   40
nullumst iam dictum quod non dictum sit prius.
qua re aequom est vos cognoscere atque ignoscere
quae veteres factitarunt si faciunt novi.
date operam, cum silentio animum attendite,
ut pernoscati' quid sibi Eunuchus velit.   45

ACTVS I

Phaedria Parmeno
I.i
PH. Quid igitur faciam? non eam ne nunc quidem
quom accersor ultro? an potius ita me comparem
non perpeti meretricum contumelias?
exclusit; revocat: redeam? non si me obsecret.
PA. siquidem hercle possis, nil prius neque fortius.   50
verum si incipies neque pertendes gnaviter
atque, ubi pati non poteri', quom nemo expetet,
infecta pace ultro ad eam venies indicans
te amare et ferre non posse: actumst, ilicet,
peristi: eludet ubi te victum senserit.   55
proin tu, dum est tempus, etiam atque etiam cogita,
ere: quae res in se neque consilium neque modum
habet ullum, eam consilio regere non potes.
in amore haec omnia insunt vitia: iniuriae,
suspiciones, inimicitiae, indutiae,   60
bellum, pax rursum: incerta haec si tu postules
ratione certa facere, nihilo plus agas
quam si des operam ut cum ratione insanias.

et quod nunc tute tecum iratus cogitas
"egon illam, quae illum, quae me, quae non . . ! sine modo, 65
mori me malim: sentiet qui vir siem":
haec verba una mehercle falsa lacrimula
quam oculos terendo misere vix vi expresserit,
restinguet, et te ultro accusabit, et dabis
ultro supplicium. **PH.** o indignum facinu'! nunc ego 70
et illam scelestam esse et me miserum sentio:
et taedet et amore ardeo, et prudens sciens,
vivos vidensque pereo, nec quid agam scio.
PA. quid agas? nisi ut te redimas captum quam queas
minimo; si nequeas paullulo, at quanti queas;   75
et ne te adflictes. **PH.** itane suades? **PA.** si sapis,
neque praeter quam quas ipse amor molestias
habet addas, et illas quas habet recte feras.
sed ecca<m> ipsa egreditur, nostri fundi calamitas;
nam quod nos capere oportet haec intercipit.   80

Thais Phaedria Parmeno
I.ii
TH. Miseram me, vereor ne illud graviu' Phaedria
tulerit neve aliorsum atque ego feci acceperit,
quod heri intro missu' non est. **PH.** totus, Parmeno,
tremo horreoque, postquam aspexi hanc. **PA.** bono animo es:
accede ad ignem hunc, iam calesces plus satis.   85
TH. quis hic loquitur? ehem tun hic eras, mi Phaedria?
quid hic stabas? quor non recta intro ibas? **PA.** ceterum
de exclusione verbum nullum? **TH.** quid taces?
PH. sane quia vero haec mihi patent semper fores
aut quia sum apud te primu'. **TH.** missa istaec face.   90
PH. quid "missa"? o Thais, Thais, utinam esset mihi
pars aequa amori' tecum ac pariter fieret,
ut aut hoc tibi doleret itidem ut mihi dolet
aut ego istuc abs te factum nihili penderem!
TH. ne crucia te obsecro, anime mi, <mi> Phaedria.   95
non pol quo quemquam plus amem aut plus diligam
<eo> feci; sed ita erat res, faciundum fuit.
PA. credo, ut fit, misera prae amore exclusti hunc foras.
TH. sicin agi', Parmeno? age; sed huc qua gratia
te accersi iussi, ausculta. **PH.** fiat. **TH.** dic mihi   100

hoc primum, potin est hic tacere? **PA.** egon? optume.
verum heus tu, hac lege tibi meam adstringo fidem:
quae vera audivi taceo et contineo optume;
sin falsum aut vanum aut finctumst, continuo palamst:
plenus rimarum sum, hac atque illac perfluo.   105
proin tu, taceri si vis, vera dicito.
TH. Samia mihi mater fuit: ea habitabat Rhodi.
PA. potest taceri hoc. **TH.** ibi tum matri parvolam
puellam dono quidam mercator dedit
ex Attica hinc abreptam. **PH.** civemne? **TH.** arbitror;   110
certum non scimu': matri' nomen et patris
dicebat ipsa: patriam et signa cetera
neque scibat neque per aetatem etiam potis erat.
mercator hoc addebat: e praedonibus,
unde emerat, se audisse abreptam e Sunio.   115
mater ubi accepit, coepit studiose omnia
docere, educere, ita ut<i> si esset filia.
sororem plerique esse credebant meam.
ego cum illo, quocum tum uno rem habebam hospite,
abii huc: qui mihi reliquit haec quae habeo omnia.   120
PA. utrumque hoc falsumst: effluet. **TH.** qui istuc? **PA.** quia
neque tu uno eras contenta neque solus dedit;
nam hic quoque bonam magnamque partem ad te attulit.
TH. itast; sed sine me pervenire quo volo.
interea miles qui me amare occeperat   125
in Cariamst profectu'; te interea loci
cognovi. tute scis postilla quam intumum
habeam te et mea consilia ut tibi credam omnia.
PH. ne hoc quidem tacebit Parmeno. **PA.** oh dubiumne id est?
TH. hoc agite, amabo. mater mea illic mortuast   130
nuper; eiu' frater aliquantum ad remst avidior.
is ubi esse hanc forma videt honesta virginem
et fidibu' scire, pretium sperans ilico
producit, vendit. forte fortuna adfuit
hic meus amicus: emit <ea>m dono mihi   135
inprudens harum rerum ignaru'que omnium.
is venit: postquam sensit me tecum quoque
rem habere, fingit causas ne det sedulo:
ait, si fidem habeat se iri praepositum tibi
apud me, ac non id metuat, ne, ubi acceperim,   140

sese relinquam, velle se illam mihi dare;
verum id vereri. sed ego quantum suspicor,
ad virginem animum adiecit. **PH.** etiamne amplius?
TH. nil; nam quaesivi. nunc ego <ea>m, mi Phaedria,
multae sunt causae quam ob rem cupio abducere: 145
primum quod soror est dicta; praeterea ut suis
restituam ac reddam. sola sum; habeo hic neminem
neque amicum neque cognatum: quam ob rem, Phaedria,
cupio aliquos parere amicos beneficio meo.
id amabo adiuta me, quo id fiat facilius: 150
sine illum priores partis hosce aliquot dies
apud me habere. nil respondes? **PH.** pessuma,
egon quicquam cum istis factis tibi respondeam?
PA. eu noster, laudo: tandem perdoluit: vir es.
PH. aut ego nescibam quorsum tu ires? "parvola   155
hinc est abrepta; eduxit mater pro sua;
soror dictast; cupio abducere, ut reddam suis":
nempe omnia haec nunc verba huc redeunt denique:
ego excludor, ille—recipitur. qua gratia?
nisi si illum plus amas quam me et istam nunc times   160
quae advectast ne illum talem praeripiat tibi.
TH. ego[n] id timeo? **PH.** quid te ergo aliud sollicitat? cedo.
num solus ille dona dat? num ubi meam
benignitatem sensisti in te claudier?
nonne ubi mi dixti cupere te ex Aethiopia   165
ancillulam, relictis rebus omnibus
quaesivi? porro eunuchum dixti velle te,
quia solae utuntur is reginae; repperi,
heri minas viginti pro ambobus dedi.
tamen contemptus abs te haec habui in memoria: 170
ob haec facta abs te spernor? **TH.** quid istic, Phaedria?
quamquam illam cupio abducere atque hac re arbitror
id fieri posse maxume, verum tamen
potius quam te inimicum habeam, faciam ut iusseris.
PH. utinam istuc verbum ex animo ac vere diceres   175
"potius quam te inimicum habeam"! si istuc crederem
sincere dici, quidvis possem perpeti.
PA. labascit victus uno verbo quam cito!
TH. ego non ex animo misera dico? quam ioco
rem voluisti a me tandem, quin perfeceris?   180

ego impetrare nequeo hoc abs te, biduom
saltem ut concedas solum. **PH.** siquidem biduom:
verum ne fiant isti viginti dies.
TH. profecto non plus biduom aut . . **PH.** "aut" nil moror.
TH. non fiet: hoc modo sine te exorem. **PH.** scilicet   185
faciundumst quod vis. **TH.** merito te amo, bene facis.
PH. rus ibo: ibi hoc me macerabo biduom.
ita facere certumst: mos gerundust Thaidi.
tu, Parmeno, huc fac illi adducantur. **PA.** maxume.
PH. in hoc biduom, Thais, vale. **TH.** mi Phaedria,   190
et tu. numquid vis aliud? **PH.** egone quid velim?
cum milite istoc praesens absens ut sies;
dies noctesque me ames, me desideres,
me somnies, me exspectes, de me cogites,
me speres, me te oblectes, mecum tota sis: 195
meu' fac sis postremo animu' quando ego sum tuos.—
TH. me miseram, fors[it]an hic mihi parvam habeat fidem
atque ex aliarum ingeniis nunc me iudicet.
ego pol, quae mihi sum conscia, hoc certo scio
neque me finxisse falsi quicquam neque meo   200
cordi esse quemquam cariorem hoc Phaedria.
et quidquid huiu' feci causa virginis
feci; nam me eiu' fratrem spero propemodum
iam repperisse, adulescentem adeo nobilem;
et is hodie venturum ad me constituit domum.   205
concedam hinc intro atque exspectabo dum venit.

ACTVS II

Phaedria Parmeno
II.i
PH. Fac, ita ut iussi, deducantur isti. **PA.** faciam. **PH.** at diligenter.
PA. fiet. **PH.** at mature. **PA.** fiet. **PH.** satine hoc mandatumst
tibi? **PA.** ah
rogitare, quasi difficile sit!
utinam tam aliquid invenire facile possis, Phaedria,   210
quam hoc peribit. **PH.** ego quoque una pereo, quod mist carius;
ne istuc tam iniquo patiare animo. **PA.** minime: qui effectum dabo.
sed numquid aliud imperas?
PH. munu' nostrum ornato verbis, quod poteris, et istum aemulum,

quod poteris, ab ea pellito.   215
PA. memini, tam etsi nullu' moneas. **PH.** ego rus ibo atque ibi manebo.
PA. censeo. **PH.** sed heus tu. **PA.** quid vis? **PH.** censen posse me obfirmare et
perpeti ne redeam interea? **PA.** tene? non hercle arbitror;
nam aut iam revortere aut mox noctu te adiget horsum insomnia.
PH. opu' faciam, ut defetiger usque, ingratiis ut dormiam.   220
PA. vigilabi' lassus: hoc plus facies. **PH.** abi, nil dicis, Parmeno.
eiciunda hercle haec est mollities animi; nimi' me indulgeo.
tandem non ego illam caream, si sit opu', vel totum triduom? **PA.** hui
univorsum triduom? vide quid agas. **PH.** stat sententia.—
PA. di boni, quid hoc morbist? adeon homines inmutarier   225
ex amore ut non cognoscas <eu>ndem esse! hoc nemo fuit
minus ineptu', mage severu' quisquam nec mage continens.
sed quis hic est qui huc pergit? attat hi(c)quidem est parasitus Gnatho
militis: ducit secum una virginem dono huic. papae
facie honesta! mirum ni ego me turpiter hodie hic dabo   230
cum m<eo> decrepito hoc eunucho. haec superat ipsam Thaidem.

Gnatho Parmeno
II.ii
GN. Di inmortales, homini homo quid praestat? stulto intellegens
quid inter est? hoc adeo ex hac re venit in mentem mihi:
conveni hodie adveniens quendam m<ei> loci hinc atque ordinis,
hominem haud inpurum, itidem patria qui abligurrierat bona: 235
video sentum squalidum aegrum, pannis annisque obsitum. "oh
quid istuc" inquam "ornatist?" "quoniam miser quod habui perdidi,
em
quo redactu' sum. omnes noti me atque amici deserunt."
hic ego illum contempsi prae me: "quid homo" inquam "ignavissime?
itan parasti te ut spes nulla relicua in te s<ie>t tibi?   240
simul consilium cum re amisti? viden me ex <eo>dem ortum loco?
qui color nitor vestitu', quae habitudost corporis!
omnia habeo neque quicquam habeo; nil quom est, nil defit tamen."
"at ego infelix neque ridiculus esse neque plagas pati
possum." "quid? tu his rebu' credi' fieri? tota erras via.   245
olim isti f<ui>t generi quondam quaestus apud saeclum prius:
hoc novomst aucupium; ego adeo hanc primus inveni viam.
est genus hominum qui esse primos se omnium rerum volunt
nec sunt: hos consector; hisce ego non paro me ut rideant,

sed eis ultro adrideo et eorum ingenia admiror simul.   250
quidquid dicunt laudo; id rursum si negant, laudo id quoque;
negat quis: nego; ait: aio; postremo imperavi egomet mihi
omnia adsentari. is quaestu' nunc est multo uberrimus."
PA. scitum hercle hominem! hic homines prorsum ex stultis insanos
facit.
GN. dum haec loquimur, interealoci ad macellum ubi
advenimus,   255
concurrunt laeti mi obviam cuppedenarii omnes,
cetarii lanii coqui fartores piscatores,
quibus et re salva et perdita profueram et prosum saepe:
salutant, ad cenam vocant, adventum gratulantur.
ille ubi miser famelicus videt mi esse tantum honorem et   260
tam facile victum quaerere, ibi homo coepit me obsecrare
ut sibi liceret discere id de me: sectari iussi,
si potis est, tamquam philosophorum habent disciplinae ex ipsis
vocabula, parasiti ita ut Gnathonici vocentur.
PA. viden otium et cibu' quid facit alienu'? **GN.** sed ego cesso   265
ad Thaidem hanc deducere et rogare ad cenam ut veniat?
sed Parmenonem ante ostium Thaini' tristem video,
rivali' servom: salva res[es]t. nimirum hic homines frigent.
nebulonem hunc certumst ludere. **PA.** hisce hoc munere arbitrantur
suam Thaidem esse. **GN.** plurima salute Parmenonem   270
summum suom inpertit Gnatho. quid agitur? **PA.** statur. **GN.** video.
num quid nam hic quod nolis vides? **PA.** te. **GN.** credo; at numquid
aliud?
PA. qui dum? **GN.** quia tristi's. **PA.** nil quidem. **GN.** ne sis; sed quid
videtur
hoc tibi mancupium? **PA.** non malum hercle. **GN.** uro hominem. **PA.** ut
    falsus animist!
GN. quam hoc munu' gratum Thaidi arbitrare esse? **PA.** hoc nunc
dicis   275
eiectos hinc nos: omnium rerum, heus, vicissitudost.
GN. sex ego te totos, Parmeno, hos mensis quietum reddam
ne sursum d<eo>rsum cursites neve usque ad lucem vigiles.
ecquid beo te? **PA.** men? papae. **GN.** sic soleo amicos. **PA.** laudo.
GN. detineo te: fortasse tu profectus alio fueras.   280
PA. nusquam. **GN.** tum tu igitur paullulum da mi operae: fac ut
admittar
ad illam. **PA.** age modo, i: nunc tibi patent fores hae quia istam ducis.

GN. numquem evocari hinc vis foras? **PA.** sine biduom hoc praetereat:
qui mihi nunc uno digitulo fores aperis fortunatus,
ne tu istas faxo calcibus saepe insultabi' frustra.   285
GN. etiamnunc tu hic stas, Parmeno? eho numnam hic relictu's custos,
nequis forte internuntius clam a milite ad istam curset?
PA. facete dictum: mira vero militi qui placeat?—
sed video erilem filium minorem huc advenire.
miror quid ex Piraeo abierit; nam ibi custos publice est nunc.   290
non temere est; et properans venit: nescioquid circumspectat.

Chaerea Parmeno
II.iii
CH. Occidi!
neque virgost usquam neque ego, qui illam e conspectu amisi meo.
ubi quaeram, ubi investigem, quem perconter, quam insistam viam
incertu' sum. una haec spes est: ubi ubi est, diu celari non
potest.   295
o faciem pulchram! deleo omnis de(h)inc ex animo mulieres:
taedet cotidianarum harum formarum. **PA.** ecce autem alterum!
nescioquid de amore loquitur: o infortunatum senem!
hic vero est qui si occeperit,
ludum iocumque dices f<ui>sse illum alterum,   300
praeut huiu' rabies quae dabit.
CH. ut illum di d<eae>que senium perdant qui me hodie remoratus
est;
meque adeo qui <ei> restiterim; tum autem qui illum flocci fecerim.
sed eccum Parmenonem. salve. **PA.** quid tu's tristi'? quidve's alacris?
unde is? **CH.** egone? nescio hercle,   305
neque unde eam neque quorsum eam: ita prorsu' sum oblitus mei.
PA. qui quaeso? **CH.** amo. **PA.** hem. **CH.** nunc, Parmeno, ostendes te qui
vir sies.
scis te mihi saepe pollicitum esse "Chaerea, aliquid inveni
modo quod ames: in ea re utilitatem ego faciam ut cognoscas meam",
quom in cellulam ad te patri' penum omnem congerebam
clanculum.   310
PA. age, inepte. **CH.** hoc hercle factumst. fac sis nunc promissa
adpareant,
si adeo digna res[es]t ubi tu nervos intendas tuos.
haud simili' virgost virginum nostrarum, quas matres student
demissis umeris esse, vincto pectore, ut graciae sient.

siquaest habitior paullo pugilem esse aiunt, deducunt cibum: 315
tam etsi bonast natura, reddunt curatura iunceas:
itaque ergo amantur. **PA.** quid tua istaec? **CH.** nova figura
oris. **PA.** papae.
CH. color veru', corpu' solidum et suci plenum. **PA.** anni? **CH.** anni?
sedecim.
PA. flos ipse. **CH.** <ipsam> hanc tu mihi vel vi vel clam vel precario
fac tradas: mea nil refert dum potiar modo.   320
PA. quid? virgo quoiast? **CH.** nescio
hercle. **PA.** undest? **CH.** tantundem.
    PA. ubi habitat?
CH. ne id quidem. **PA.** ubi vidisti? **CH.** in via. **PA.** qua ratione eam
amisti?
CH. id equidem adveniens mecum stomachabar modo,
nec quemquam ego esse hominem arbitror quoi mage bonae
felicitates omnes advorsae sient.   325
quid hoc est sceleri'? perii. **PA.** quid factumst? **CH.** rogas?
patris cognatum atque aequalem Archidemidem
nostin? **PA.** quidni? **CH.** is, dum hanc sequor, fit mi obviam.
PA. incommode hercle. **CH.** immo enimvero infeliciter;
nam incommoda alia sunt dicenda, Parmeno.   330
illum liquet mihi deierare his mensibus
sex septem prorsum non vidisse proxumis,
nisi nunc quom minime vellem minimeque opu' fuit.
eho nonne hoc monstri similest? quid ais? **PA.** maxume.
CH. continuo occurrit ad me, quam longe quidem,   335
incurvo' tremulu' labiis demissis gemens:
"heus heus tibi dico, Chaerea" inquit. restiti.
"scin quid ego te volebam?" "dic." "cras est mihi
iudicium." "quid tum?" "ut diligenter nunties
patri, advocatu' mane mi esse ut meminerit."   340
dum haec dicit abiit hora. rogo numquid velit.
"recte" inquit. abeo. quom huc respicio ad virginem,
illa se[se] interea commodum huc advorterat
in hanc nostram plateam. **PA.** mirum ni hanc dicit, modo
huic quae datast dono. **CH.** huc quom advenio nulla erat. 345
PA. comites secuti scilicet sunt virginem?
CH. verum: parasitu' cum ancilla. **PA.** ipsast: ilicet.
desine; iam conclamatumst. **CH.** alias res agis.
PA. istuc ago equidem. **CH.** nostin quae sit, dic mihi, aut

vidistin? **PA.** vidi novi scio quo abducta sit. 350
CH. eho Parmeno mi, nostin? [**PA.** novi. **CH.**] et scis ubi siet?
PA. huc deductast ad meretricem Thaidem: <ei> dono datast.
CH. quis is est tam potens cum tanto munere hoc? **PA.** miles Thraso,
Phaedriae rivali'. **CH.** duras fratri' partis praedicas.
PA. immo enim si scias quod donum huic dono contra conparet, 355
[tum] magis id dicas. **CH.** quodnam quaeso hercle? **PA.** eunuchum. **CH.**
  illumne obsecro
inhonestum hominem, quem mercatus est heri, senem mulierem?
PA. istunc ipsum. **CH.** homo quatietur certe cum dono foras.
sed istam Thaidem non scivi nobis vicinam. **PA.** haud diust.
CH. perii, numquamne etiam me illam vidisse! eho dum dic
mihi: 360
estne, ut fertur, forma? **PA.** sane. **CH.** at nil ad nostram hanc? **PA.** alia
rest.
CH. obsecro hercle, Parmeno, fac ut potiar. **PA.** faciam sedulo ac
dabo operam, adiuvabo: numquid me aliud? **CH.** quo nunc
is? **PA.** domum,
ut mancupia haec, ita ut<i> iussit frater, ducam ad Thaidem.
CH. o fortunatum istum eunuchum quiquidem in hanc detur
domum! 365
PA. quid ita? **CH.** rogitas? summa forma semper conservam domi
videbit conloquetur aderit una in unis aedibus,
cibum non numquam capiet cum ea, interdum propter dormiet.
PA. quid si nunc tute fortunatu' fias? **CH.** qua re, Parmeno?
responde. **PA.** capias tu illi(u)s vestem. **CH.** vestem? quid tum
postea? 370
PA. pro illo te ducam. **CH.** audio. **PA.** te esse illum dicam. **CH.** intellego.
PA. tu illis fruare commodis quibu' tu illum dicebas modo:
cibum una capias, adsis tangas ludas propter dormias;
quandoquidem illarum neque te quisquam novit neque scit qui sies.
praeterea forma et aetas ipsast facile ut pro eunucho
probes. 375
CH. dixti pulchre: numquam vidi meliu' consilium dari.
age eamus intro nunciam: orna me abduc duc quantum potest.
PA. quid agi'? iocabar equidem. **CH.** garris. **PA.** perii, quid ego egi
miser!
quo trudi'? perculeris iam tu me. tibi equidem dico, mane.
CH. eamu'. **PA.** pergin? **CH.** certumst. **PA.** vide ne nimium calidum hoc
sit modo. 380

CH. non est profecto: sine. **PA.** at enim istaec in me cudetur
faba. **CH.** ah.
PA. flagitium facimus. **CH.** an id flagitiumst si in domum meretriciam
deducar et illis crucibu', quae nos nostramque adulescentiam
habent despicatam et quae nos semper omnibus cruciant modis,
nunc referam gratiam atque eas itidem fallam, ut ab is fallimur?   385
an potius haec patri aequomst fieri ut a me ludatur dolis?
quod qui rescierint, culpent; illud merito factum omnes putent.
PA. quid istic? si certumst facere, facias; verum ne post conferas
culpam in me. **CH.** non faciam. **PA.** iubesne? **CH.** iubeam? cogo atque
impero:
numquam defugiam auctoritatem. sequere. **PA.** di vortant
bene!   390

ACTVS III

Thraso Gnatho Parmeno
III.i
TH. Magnas vero agere gratias Thais mihi?
GN. ingentis. **TH.** <ai>n tu, laetast? **GN.** non tam ipso quidem
dono quam abs te datum esse: id vero serio
triumphat. **PA.** hoc proviso ut, ubi tempus siet,
deducam. sed eccum militem. **TH.** est istuc datum   395
profecto ut grata mihi sint quae facio omnia.
GN. advorti hercle animum. **TH.** vel rex semper maxumas
mihi agebat quidquid feceram: aliis non item.
GN. labore alieno magno partam gloriam
verbis saepe in se transmovet qui habet salem;   400
quod in test. **TH.** habes. **GN.** rex te ergo in oculis .. **TH.** scilicet.
GN. gestare. **TH.** vero: credere omnem exercitum,
consilia. **GN.** mirum. **TH.** tum sicubi eum satietas
hominum aut negoti siquando odium ceperat,
requiescere ubi volebat, quasi .. nostin? **GN.** scio: 405
quasi ubi illam exspueret miseriam ex animo. **TH.** tenes.
tum me convivam solum abducebat sibi. **GN.** hui
regem elegantem narras. **TH.** immo sic homost:
perpaucorum hominum. **GN.** immo nullorum arbitror,
si tecum vivit. **TH.** invidere omnes mihi,   410
mordere clanculum: ego non flocci pendere:
illi invidere misere; verum unus tamen

inpense, elephantis quem Indicis praefecerat.
is ubi molestu' magis est, "quaeso" inquam "Strato,
eon es ferox quia habes imperium in beluas?" 415
GN. pulchre mehercle dictum et sapienter. papae
iugularas hominem. quid ille? **TH.** mutus ilico.
GN. quidni esset? **PA.** di vostram fidem, hominem perditum
miserumque et illum sacrilegum! **TH.** quid illud, Gnatho,
quo pacto Rhodium tetigerim in convivio, 420
numquam tibi dixi? **GN.** numquam; sed narra obsecro.
(plus miliens audivi.) **TH.** una in convivio
erat hic, quem dico, Rhodius adulescentulus.
forte habui scortum: coepit ad id adludere
et me inridere. "quid ais" inquam homini "inpudens? 425
lepu' tute's, pulpamentum quaeris?" **GN.** hahahae.
TH. quid est? **GN.** facete lepide laute nil supra.
tuomne, obsecro te, hoc dictum erat? vetu' credidi.
TH. audieras? **GN.** saepe, et fertur in primis. **TH.** meumst.
GN. dolet dictum inprudenti adulescenti et libero. 430
PA. at te di perdant! **GN.** quid ille quaeso? **TH.** perditus:
risu omnes qui aderant emoriri. denique
metuebant omnes iam me. **GN.** haud iniuria.
TH. sed heus tu, purgon ego me de istac Thaidi,
quod eam me amare suspicatast? **GN.** nil minus. 435
immo auge mage suspicionem. **TH.** quor? **GN.** rogas?
scin, si quando illa mentionem Phaedriae
facit aut si laudat, te ut male urat? **TH.** sentio.
GN. id ut ne fiat haec res solast remedio:
ubi nominabit Phaedriam, tu Pamphilam 440
continuo; siquando illa dicet "Phaedriam
intro mittamu' comissatum," Pamphilam
cantatum provocemu'; si laudabit haec
illiu' formam, tu huiu' contra. denique
par pro pari referto quod eam mordeat. 445
TH. siquidem me amaret, tum istuc prodesset, Gnatho.
GN. quando illud quod tu das exspectat atque amat,
iamdudum te amat, iamdudum illi facile fit
quod doleat; metuit semper quem ipsa nunc capit
fructum nequando iratu' tu alio conferas. 450
TH. bene dixti, ac mihi istuc non in mentem venerat.
GN. ridiculum; non enim cogitaras. ceterum

idem hoc tute meliu' quanto invenisses, Thraso!

Thais Thraso Gnatho Parmeno Pythias
III.ii

TH. Audire vocem visa sum modo militis.
atque eccum. salve, mi Thraso. **THR.** o Thais mea,   455
m<eu>m savium, quid agitur? ecquid nos amas
de fidicina istac? **PA.** quam venuste! quod dedit
principium adveniens! **TH.** plurimum merito tuo.
GN. eamus ergo ad cenam. quid stas? **PA.** em alterum:
ex homine hunc natum dicas? **TH.** ubi vis, non moror.   460
PA. adibo atque adsimulabo quasi nunc exeam.
ituran, Thais, quopiam es? **TH.** ehem Parmeno:
bene fecisti; hodie itura . . **PA.** quo? **TH.** quid, hunc non vides?
PA. video et me taedet. ubi vis, dona adsunt tibi
a Phaedria. **THR.** quid stamu'? quor non imus hinc?   465
PA. quaeso hercle ut liceat, pace quod fiat tua,
dare huic quae volumu', convenire et conloqui.
THR. perpulchra credo dona aut nostri similia.
PA. res indicabit. heus iubete istos foras
exire, quos iussi, ocius. procede tu huc: 470
ex Aethiopiast usque haec. **THR.** hic sunt tres minae.
GN. vix. **PA.** ubi tu es, Dore? accede huc. em eunuchum tibi,
quam liberali facie, quam aetate integra!
TH. ita me di ament, honestust. **PA.** quid tu ais, Gnatho?
numquid habes quod contemnas? quid tu autem, Thraso?   475
tacent: sati' laudant. fac periclum in litteris,
fac in palaestra, in musicis: quae liberum
scire aequomst adulescentem, sollertem dabo.
THR. ego illum eunuchum, si opu' siet, vel sobrius . .
PA. atque haec qui misit non sibi soli postulat   480
te vivere et sua causa excludi ceteros,
neque pugnas narrat neque cicatrices suas
ostentat neque tibi obstat, quod quidam facit;
verum ubi molestum non erit, ubi tu voles,
ubi tempu' tibi erit, sat habet si tum recipitur.   485
THR. adparet servom hunc esse domini pauperis
miserique. **GN.** nam hercle nemo posset, sat scio,
qui haberet qui pararet alium, hunc perpeti.
PA. tace tu, quem te ego esse infra infimos omnis puto

homines; nam qui huic animum adsentari induxeris,   490
e flamma petere te cibum posse arbitror.
THR. iamne imus? **TH.** hos prius intro ducam et quae volo
simul imperabo: poste continuo exeo.
THR. ego hinc abeo: tu istanc opperire. **PA.** haud convenit
una ire cum amica imperatorem in via.   495
THR. quid tibi ego multa dicam? domini similis es.
GN. hahahae. **THR.** quid rides? **GN.** istuc quod dixti modo;
et illud de Rhodio dictum quom in mentem venit.
sed Thais exit. **THR.** abi prae, curre, ut sint domi
parata. **GN.** fiat.— **TH.** diligenter, Pythias,   500
fac cures, si Chremes hoc forte advenerit,
ut ores primum ut maneat; si id non commodumst,
ut redeat; si id non poterit, ad me adducito.
PY. ita faciam. **TH.** quid? quid aliud volui dicere?
ehem curate istam diligenter virginem: 505
domi adsiti' facite. **THR.** eamu'. **TH.** vos me sequimini.

Chremes Pythias
III.iii
CH. Profecto quanto mage magisque cogito,
nimirum dabit haec Thai' mihi magnum malum:
ita me ab ea astute video labefactarier,
iam tum quom primum iussit me ad se accersier.   510
roget quis "quid [rei] tibi cum illa?" ne noram quidem.
ubi veni, causam ut ibi manerem repperit:
<ai>t rem divinam fecisse [se] et rem seriam
velle agere mecum. iam tum erat suspicio
dolo malo haec fieri omnia. ipsa accumbere   515
mecum, mihi sese dare, sermonem quaerere.
ubi friget, huc evasit, quam pridem pater
mihi et mater mortui essent. dico, iamdiu.
rus Sunii ecquod habeam et quam longe a mari.
credo <ei> placere hoc: sperat se a me avellere.   520
postremo, ecqua inde parva periisset soror;
ecquis cum ea una; quid habuisset quom perit;
ecquis eam posset noscere. haec quor quaeritet?
nisi si illa forte quae olim periit parvola
soror, hanc se intendit esse, ut est audacia.   525
verum ea si vivit annos natast sedecim,

non maior: Thai' quam ego sum maiusculast.
misit porro orare ut venirem serio.
aut dicat quid volt aut molesta ne siet:
non hercle veniam tertio. heus heus, ecquis hic?   530
ego sum Chremes. **PY.** o capitulum lepidissimum!
CH. dico ego mi insidias fieri? **PY.** Thais maxumo
te orabat opere ut cras redires. **CH.** rus eo.
PY. fac amabo. **CH.** non possum, inquam. **PY.** at tu apud nos hic mane
dum redeat ipsa. **CH.** nil minus. **PY.** quor, mi Chremes?   535
CH. malam rem hinc ibi'? **PY.** si istuc ita certumst tibi,
amabo ut illuc transeas ubi illast. **CH.** eo.
PY. abi, Dorias, cito hunc deduce ad militem.

Antipho
III.iv
AN. Heri aliquot adulescentuli coiimus in Piraeo
in hunc diem, ut de symbolis essemu'. Chaeream <ei> r<ei>   540
praefecimus; dati anuli; locu' tempu' constitutumst.
praeteriit tempu': quo in loco dictumst parati nil est;
homo ipse nusquamst neque scio quid dicam aut quid coniectem.
nunc mi hoc negoti ceteri dedere ut illum quaeram
idque adeo visam si domist. quisnam hinc ab Thaide exit?   545
is est an non est? ipsus est. quid hoc hominist? qui hic ornatust?
quid illud malist? nequeo satis mirari neque conicere;
nisi, quidquid est, procul hinc lubet priu' quid sit sciscitari.

Chaerea Antipho
III.v
CH. Numquis hic est? nemost. numquis hinc me sequitur? nemo
homost.
iamne erumpere hoc licet mi gaudium? pro Iuppiter,   550
nunc est profecto interfici quom perpeti me possum,
ne hoc gaudium contaminet vita aegritudine aliqua.
sed neminemne curiosum intervenire nunc mihi
qui me sequatur quoquo eam, rogitando obtundat enicet
quid gestiam aut quid laetu' sim, quo pergam, unde emergam, ubi
siem   555
vestitum hunc nanctu', quid mi quaeram, sanu' sim anne insaniam!
AN. adibo atque ab eo gratiam hanc, quam video velle, inibo.
Chaerea, quid est quod sic gestis? quid sibi hic vestitu' quaerit?

quid est quod laetus es? quid tibi vis? satine sanu's? quid me
adspectas?
quid taces? **CH.** o festu' dies hominis! amice, salve: 560
nemost hominum quem ego nunc magis cuperem videre quam te.
AN. narra istuc quaeso quid sit. **CH.** immo ego te obsecro hercle ut
audias.
nostin hanc quam amat frater? **AN.** novi: nempe, opinor, Thaidem.
CH. istam ipsam. **AN.** sic commemineram. **CH.** quaedam hodie est <ei>
dono data
virgo: quid ego eiu' tibi nunc faciem praedicem aut laudem,
Antipho,   565
quom ipsum me noris quam elegans formarum spectator siem?
in hac commotu' sum. **AN.** <ai>n tu? **CH.** primam dices, scio, si videris.
quid multa verba? amare coepi. forte fortuna domi
erat quidam eunuchu' quem mercatu' fuerat frater Thaidi,
neque is deductus etiamdum ad eam. submonuit me Parmeno   570
ibi servo' quod ego arripui. **AN.** quid id est? **CH.** tacitu' citius audies:
ut vestem cum illo mutem et pro illo iubeam me illoc ducier.
AN. pro eunuchon? **CH.** sic est. **AN.** quid ex ea re tandem ut caperes
commodi?
CH. rogas? viderem audirem essem una quacum cupiebam, Antipho.
num parva causa aut prava ratiost? traditus sum mulieri.   575
illa ilico ubi me accepit, laeta vero ad se abducit domum;
commendat virginem. **AN.** quoi? tibine? **CH.** mihi. **AN.** satis tuto
tamen?
CH. edicit ne vir quisquam ad eam adeat et mihi ne abscedam imperat;
in interiore parti ut maneam solu' cum sola. adnuo
terram intuens modeste. **AN.** miser. **CH.** "ego" inquit "ad cenam hinc
eo."   580
abducit secum ancillas: paucae quae circum illam essent manent
noviciae puellae. continuo haec adornant ut lavet.
adhortor properent. dum adparatur, virgo in conclavi sedet
suspectans tabulam quandam pictam: ibi inerat pictura haec, Iovem
quo pacto Danaae misisse aiunt quondam in gremium imbrem
aureum.   585
egomet quoque id spectare coepi, et quia consimilem luserat
iam olim ille ludum, inpendio magis animu' gaudebat mihi,
deum sese in hominem convortisse atque in alienas tegulas
venisse clanculum per inpluvium fucum factum mulieri.
at quem deum! "qui templa caeli summa sonitu concutit."   590

ego homuncio hoc non facerem? ego illud vero ita feci—ac lubens.
dum haec mecum reputo, accersitur lavatum interea virgo:
iit lavit rediit; deinde eam in lecto illae conlocarunt.
sto exspectans siquid mi imperent. venit una, "heus tu" inquit "Dore,
cape hoc flabellum, ventulum huic sic facito, dum lavamur; 595
ubi nos laverimu', si voles, lavato." accipio tristis.
AN. tum equidem istuc os tuom inpudens videre nimium vellem,
qui esset status, flabell\<ul\>um tenere te asinum tantum.
CH. vix elocutast hoc, foras simul omnes proruont se,
abeunt lavatum, perstrepunt, ita ut fit domini ubi absunt. 600
interea somnu' virginem opprimit. ego limis specto
sic per flabellum clanculum; simul alia circumspecto,
satin explorata sint. video esse. pessulum ostio obdo.
AN. quid tum? **CH.** quid "quid tum," fatue? **AN.** fateor. **CH.** an ego occasionem
mi ostentam, tantam, tam brevem, tam optatam, tam insperatam 605
amitterem? tum pol ego is essem vero qui simulabar.
AN. sane hercle ut dici'. sed interim de symbolis quid actumst?
CH. paratumst. **AN.** frugi es: ubi? domin? **CH.** immo apud libertum Discum.
AN. perlongest, sed tanto ocius properemu': muta vestem.
CH. ubi mutem? perii; nam domo exsulo nunc: metuo fratrem 610
ne intus sit; porro autem pater ne rure redierit iam.
AN. eamus ad me, ibi proxumumst ubi mutes. **CH.** recte dicis.
eamus; et de istac simul, quo pacto porro possim
potiri, consilium volo capere una tecum. **AN.** fiat.

ACTVS IV

Dorias
IV.i

Ita me di ament, quantum ego illum vidi, non nil timeo misera, 615
nequam ille hodie insanu' turbam faciat aut vim Thaidi.
nam postquam iste advenit Chremes adulescens, frater virginis,
militem rogat ut illum admitti iubeat: ill' continuo irasci,
neque negare audere; Thai' porro instare ut hominem invitet.
id faciebat retinendi illi(u)s causa, quia illa quae cupiebat 620
de sorore ei(u)s indicare ad eam rem tempu' non erat.
invitat tristi': mansit. ibi illa cum illo sermonem ilico;
miles vero sibi putare adductum ante oculos aemulum;

voluit facere contra huic aegre: "heus" inquit "puer<e>, Pamphilam
accerse ut delectet hic nos." illa [exclamat] "minime gentium: 625
in convivium illam?" miles tendere: inde ad iurgium.
interea aurum sibi clam mulier demit, dat mi ut auferam.
hoc est signi: ubi primum poterit, se illinc subducet scio.

Phaedria <Dorias>
IV.ii

Dum rus eo, coepi egomet mecum inter vias,
ita ut fit ubi quid in animost molestiae,   630
aliam rem ex alia cogitare et ea omnia in
peiorem partem. quid opust verbis? dum haec puto,
praeterii inprudens villam. longe iam abieram
quom sensi: redeo rursum, male me vero habens.
ubi ad ipsum veni devorticulum, constiti: 635
occepi mecum cogitare "hem biduom hic
manendumst soli sine illa? quid tum postea?
nil est. quid nil? si non tangendi copiast,
eho ne videndi quidem erit? si illud non licet,
saltem hoc licebit. certe extrema linea   640
amare haud nil est." villam praetereo sciens.
sed quid hoc quod timida subito egreditur Pythias?

Pythias Dorias Phaedria
IV.iii

PY. Vbi ego illum scelerosum misera atque inpium inveniam? aut ubi
quaeram?
hoccin tam audax facinu' facere esse ausum! PH. perii: hoc quid sit
vereor.
PY. quin etiam insuper scelu', postquam ludificatust virginem,   645
vestem omnem miserae discidit, tum ipsam capillo conscidit.
PH. hem. PY. qui nunc si detur mihi,
ut ego unguibus facile illi in oculos involem venefico!
PH. nescioquid profecto absente nobis turbatumst domi.
adibo. quid istuc? quid festinas? aut quem quaeri', Pythias?   650
PY. ehem Phaedria, egon? quem quaeram? in' hinc quo dignu's cum
donis tuis
tam lepidis? PH. quid istuc est rei?
PY. rogas me? eunuchum quem dedisti nobis quas turbas dedit!
virginem quam erae dono dederat miles, vitiavit. PH. quid ais?

PY. perii. **PH.** temulenta's. **PY.** utinam sic sint qui mihi male volunt! 655
DO. au obsecro, mea Pythias, quod istuc nam monstrum fuit?
PH. insanis: qui istuc facere eunuchu' potuit? **PY.** ego illum nescio
qui fuerit; hoc quod fecit, res ipsa indicat.
virgo ipsa lacrumat neque, quom rogites, quid sit audet dicere.
ille autem bonu' vir nusquam apparet. etiam hoc misera
suspicor,   660
aliquid domo abeuntem abstulisse. **PH.** nequeo mirari satis
quo ille abire ignavo' possit longius, nisi si domum
forte ad nos rediit. **PY.** vise amabo num sit. **PH.** iam faxo scies.—
DO. perii, obsecro! tam infandum facinu', mea tu, ne audivi quidem.
PY. at pol ego amatores audieram mulierum esse <eo>s
maxumos,   665
sed nil potesse; verum miserae non in mentem venerat;
nam illum aliquo conclusissem neque illi commisissem virginem.

Phaedria Dorvs Pythias Dorias
IV.iv
PH. Exi foras, sceleste. at etiam restitas,
fugitive? prodi, male conciliate. **DO(RVS).** obsecro. **PH.** oh
illud vide, os ut sibi distorsit carnufex!   670
quid huc tibi reditiost? quid vestis mutatio?
quid narras? paullum si cessassem, Pythias,
domi non offendissem, ita iam ornarat fugam.
PY. haben hominem, amabo? **PH.** quidni habeam? **PY.** o factum bene.
DOR(IAS). istuc pol vero bene. **PY.** ubist? **PH.** rogitas? non vides? 675
PY. videam? obsecro quem? **PH.** hunc scilicet. **PY.** quis hic est homo?
PH. qui ad vos deductus hodiest. **PY.** hunc oculis suis
nostrarum numquam quisquam vidit, Phaedria.
PH. non vidit? **PY.** an tu hunc credidisti esse, obsecro,
ad nos deductum? **PH.** namque alium habui neminem. **PY.** au   680
ne comparandus hi(c)quidem ad illumst: ille erat
honesta facie et liberali. **PH.** ita visus est
dudum, quia varia veste exornatus fuit.
nunc tibi videtur foedu', quia illam non habet.
PY. tace obsecro: quasi vero paullum intersiet.   685
ad nos deductus hodiest adulescentulus,
quem tu videre vero velles, Phaedria.
hic est vietu' vetu' veternosus senex,
colore mustelino. **PH.** hem quae haec est fabula?

\<eo\> rediges me ut quid egerim egomet nesciam?   690
eho tu, emin ego te? **DO.** emisti. **PY.** iube mi denuo
respondeat. **PH.** roga. **PY.** venisti hodie ad nos? negat.
at ille alter venit annos natu' sedecim,
quem secum adduxit Parmeno. **PH.** agedum hoc mi expedi
primum: istam quam habes unde habes vestem? taces?   695
monstrum homini', non dicturu's? **DO.** venit Chaerea.
PH. fraterne? **DO.** ita. **PH.** quando? **DO.** hodie. **PH.** quam
dudum? **DO.** modo.
PH. quicum? **DO.** cum Parmenone. **PH.** norasne \<eu\>m prius?
DO. non. [nec quis esset umquam audieram dicier.]
PH. unde igitur fratrem m\<eu\>m esse scibas? **DO.** Parmeno   700
dicebat \<eu\>m esse. is dedit mi hanc. **PH.** occidi.
DO. m\<ea\>m ipse induit: post una ambo abierunt foras.
PY. iam sati' credi' sobriam esse me et nil mentitam tibi?
iam sati' certumst virginem vitiatam esse? **PH.** age nunc, belua,
credis huic quod dicat? **PY.** quid isti credam? res ipsa indicat.   705
PH. concede istuc paullulum: audin? etiam [nunc] paullulum: sat est.
dic dum hoc rursum: Chaerea t\<ua\>m vestem detraxit tibi?
DO. factum. **PH.** et east indutu'? **DO.** factum. **PH.** et pro te huc
deductust? **DO.** ita.
PH. Iuppiter magne, o scelestum atque audacem hominem! **PY.** vae
mihi:
etiam [nunc] non credes indignis nos esse inrisas modis?   710
PH. mirum ni tu credas quod iste dicat. quid agam nescio.
heus negato rursum. possumne ego hodie ex te exsculpere
verum? vidistine fratrem Chaeream? **DO.** non. **PH.** non potest
sine malo fateri, video: sequere hac. modo ait modo negat.
ora me. **DO.** obsecro te vero, Phaedria. **PH.** i intro nunciam.   715
DO. oiei. **PH.** alio pacto honeste quomodo hinc abeam nescio.
actumst, siquidem tu me hic etiam, nebulo, ludificabere.—
PY. Parmenoni' tam scio esse hanc tech\<i\>nam quam me vivere.
DOR. sic est. **PY.** inveniam pol hodie parem ubi referam gratiam.
sed nunc quid faciundum censes, Dorias? **DOR.** de istac rogas   720
virgine? **PY.** ita, utrum taceam an praedicemne? **DOR.** tu pol, si sapis,
quod scis nescis neque de eunucho neque de vitio virginis.
hac re et te omni turba evolves et illi gratum feceris.
id modo dic, abisse Dorum. **PY.** ita faciam. **DOR.** sed videon Chremen?
Thai' iam aderit. **PY.** quid ita? **DOR.** quia, quom inde abeo, iam tum
occeperat   725

turba inter eos. **PY.** tu aufer aurum hoc. ego scibo ex hoc quid siet.

Chremes Pythias
IV.v
CH. Attat data hercle verba mihi sunt: vicit vinum quod bibi.
at dum accubabam quam videbar mi esse pulchre sobrius!
postquam surrexi neque pes neque mens sati' suom officium facit.
PY. Chreme. **CH.** quis est? ehem Pythias: vah quanto nunc
formonsior   730
videre mihi quam dudum! **PY.** certe tuquidem pol multo hilarior.
CH. verbum hercle hoc verum erit "sine Cerere et Libero friget Venus".
sed Thai' multo ante venit? **PY.** anne abiit iam a milite?
CH. iamdudum, aetatem. lites factae sunt inter eos maxumae.
PY. nil dixit tu ut sequerere sese? **CH.** nil, nisi abiens mi innuit.   735
PY. eho nonne id sat erat? **CH.** at nescibam id dicere illam, nisi quia
correxit miles, quod intellexi minu'; nam me extrusit foras.
sed eccam ipsam: miror ubi ego huic antevorterim.

Thais Chremes Pythias
IV.vi
TH. Credo equidem illum iam adfuturum esse, ut illam [a me] eripiat:
sine veniat.
atqui si illam digito attigerit uno, oculi ilico ecfodientur.   740
usque adeo ego illi(u)s ferre possum ineptiam et magnifica verba,
verba dum sint; verum enim si ad rem conferentur, vapulabit.
CH. Thais, ego iamdudum hic adsum. **TH.** o mi Chreme, te ipsum
exspectabam.
scin tu turbam hanc propter te esse factam? et adeo ad te attinere
hanc
omnem rem? **CH.** ad me? qui? quasi istuc . . **TH.** quia, dum tibi
sororem studeo   745
reddere ac restituere, haec atque hui(u)smodi sum multa passa.
CH. ubi east? **TH.** domi apud me. **CH.** hem. **TH.** quid est?
educta ita uti teque illaque dignumst. **CH.** quid ais? **TH.** id quod res
est.
hanc tibi dono do neque repeto pro illa quicquam abs te preti.
CH. et habetur et referetur, Thais, ita uti merita's gratia.   750
TH. at enim cave ne priu' quam hanc a me accipias amittas, Chreme;
nam haec east quam miles a me vi nunc ereptum venit.
abi tu, cistellam, Pythias, domo ecfer cum monumentis.

CH. viden tu illum, Thais, .. **PY.** ubi sitast? **TH.** in risco: odiosa cessas.
CH. militem secum ad te quantas copias adducere?   755
attat .. **TH.** num formidulosus obsecro es, mi homo? **CH.** apage sis:
egon formidulosu'? nemost hominum qui vivat minus.
TH. atqui ita opust. **CH.** ah metuo qualem tu me esse hominem
existumes.
TH. immo hoc cogitato: quicum res tibist peregrinus est,
minu' potens quam tu, minu' notu', minus amicorum hic habens. 760
CH. scio istuc. sed tu quod cavere possis stultum admittere est.
malo ego nos prospicere quam hunc ulcisci accepta iniuria.
tu abi atque obsera ostium intu', dum ego hinc transcurro ad forum:
volo ego adesse hic advocatos nobis in turba hac. **TH.** mane.
CH. meliust. **TH.** mane. **CH.** omitte: iam adero. **TH.** nil opus est istis,
Chreme.   765
hoc modo dic, sororem illam t<ua>m esse et te parvam virginem
amisisse, nunc cognosse. signa ostende. **PY.** adsunt. **TH.** cape.
si vim faciet, in ius ducito hominem: intellextin? **CH.** probe.
TH. fac animo haec praesenti dicas. **CH.** faciam. **TH.** attolle pallium.
perii, huic ipsist opu' patrono, quem defensorem paro.   770

Thraso Gnatho Sanga Chremes Thais
IV.vii
THR. Hancin ego ut contumeliam tam insignem in me accipiam,
Gnatho?
mori me satiust. Simalio, Donax, Syrisce, sequimini.
primum aedis expugnabo. **GN.** recte. **THR.** virginem
eripiam. **GN.** probe.
THR. male mulcabo ipsam. **GN.** pulchre. **THR.** in medium huc agmen
cum vecti, Donax;
tu, Simalio, in sinistrum cornum; tu, Syrisce, in dexterum.   775
cedo alios: ubi centuriost Sanga et manipulus furum? **SA.** eccum adest.
THR. quid ignave? peniculon pugnare, qui istum huc portes, cogitas?
SA. egon? imperatoris virtutem noveram et vim militum;
sine sanguine hoc non posse fieri: qui abstergerem volnera?
THR. ubi alii? **GN.** qui malum "alii"? solu' Sannio servat domi.   780
THR. tu hosce instrue; ego hic ero post principia: inde omnibus
signum dabo.
GN. illuc est sapere: ut hosce instruxit, ipsu' sibi cavit loco.
THR. idem hoc iam Pyrru' factitavit. **CH.** viden tu, Thais, quam hic rem
agit?

nimirum consilium illud rectumst de occludendis aedibus.
TH. sane quod tibi nunc vir videatur esse hic, nebulo magnus est: 785
ne metuas. **THR.** quid videtur? **GN.** fundam tibi nunc nimi' vellem dari,
ut tu illos procul hinc ex occulto caederes: facerent fugam.
THR. sed eccam Thaidem ipsam video. **GN.** quam mox
inruimus? **THR.** mane:
omnia prius experiri quam armis sapientem decet.
qui scis an quae iubeam sine vi faciat? **GN.** di vostram fidem,   790
quantist sapere! numquam accedo quin abs te abeam doctior.
THR. Thai', primum hoc mihi responde: quom tibi do istam virginem,
dixtin hos dies mihi soli dare te? **TH.** quid tum postea?
THR. rogitas? quae mi ante oculos coram amatorem adduxti tuom . .
TH. quid cum illoc agas? **THR.** et cum eo clam te subduxti mihi?   795
TH. lubuit. **THR.** Pamphilam ergo huc redde, nisi vi mavis eripi.
CH. tibi illam reddat aut tu eam tangas, omnium . . ? **GN.** ah quid agis?
tace.
THR. quid tu tibi vis? ego non tangam meam? **CH.** tuam autem,
furcifer?
GN. cave sis: nescis quoi maledicas nunc viro. **CH.** non tu hinc abis?
scin tu ut tibi res se habeat? si quicquam hodie hic turbae
coeperis,   800
faciam ut hui(u)s loci di<ei>que meique semper memineris.
GN. miseret t<ui> me qui hunc tantum hominem facias inimicum tibi.
CH. diminuam ego caput tuum hodie, nisi abis. **GN.** <ai>n vero, canis?
sicin agis? **THR.** quis tu homo es? quid tibi vis? quid cum illa r<ei>
tibist?
CH. scibi': principio <ea>m esse dico liberam. **THR.** hem. **CH.** civem
Atticam. **THR.** hui.   805
CH. m<ea>m sororem. **THR.** os durum. **CH.** miles, nunc adeo edico tibi
ne vim facias ullam in illam. Thais, ego eo ad Sophronam
nutricem, ut eam adducam et signa ostendam haec. **THR.** tun me
prohibeas
meam ne tangam? **CH.** prohibebo inquam. **GN.** audin tu? hic furti se
adligat:
sat[is] hoc tibist. **THR.** idem hoc tu [ais], Thai'? **TH.** quaere qui
respondeat.—   810
THR. quid nunc agimu'? **GN.** quin redeamu': iam haec tibi aderit
supplicans
ultro. **THR.** credin? **GN.** immo certe: novi ingenium mulierum:
nolunt ubi velis, ubi nolis cupiunt ultro. **THR.** bene putas.

GN. iam dimitto exercitum? THR. ubi vis. GN. Sanga, ita ut fortis decet
milites, domi focique fac vicissim ut memineris.   815
SA. iamdudum animus est in patinis. GN. frugi es. THR. vos me hac
sequimini.

ACTVS V

Thais Pythias
V.i

TH. Pergin, scelesta, mecum perplexe loqui?
"scio nescio abiit audivi, ego non adfui."
non tu istuc mihi dictura aperte es quidquid est?
virgo conscissa veste lacrumans opticet;   820
eunuchus abiit: quam ob rem? [aut] quid factumst? taces?
PY. quid tibi ego dicam misera? illum eunuchum negant
fuisse. TH. quis fuit igitur? PY. iste Chaerea.
TH. qui Chaerea? PY. iste ephebu' frater Phaedriae.
TH. quid ais, venefica? PY. atqui certe comperi.   825
TH. quid is obsecro ad nos? quam ob rem adductust? PY. nescio;
nisi amasse credo Pamphilam. TH. hem misera occidi,
infelix, siquidem tu istaec vera praedicas.
num id lacrumat virgo? PY. id opinor. TH. quid ais, sacrilega?
istucine interminata sum hinc abiens tibi?   830
PY. quid facerem? ita ut tu iusti, soli creditast.
TH. scelesta, ovem lupo commisisti. dispudet
sic mihi data esse verba. quid illuc hominis est?
PY. era mea, tace tace obsecro, salvae sumus:
habemus hominem ipsum. TH. ubi is est? PY. em ad sinist<e>ram. 835
viden? TH. video. PY. conprendi iube, quantum potest.
TH. quid illo faciemu', stulta? PY. quid facias, rogas?
vide amabo, si non, quom aspicias, os inpudens
videtur! non est? tum quae ei(u)s confidentiast!

Chaerea Thais Pythias
V.ii

CH. Apud Antiphonem uterque, mater et pater,   840
quasi dedita opera domi erant, ut nullo modo
intro ire possem quin viderent me. interim
dum ante ostium sto, notu' mihi quidam obviam
venit. ubi vidi, ego me in pedes quantum queo

in angiportum quoddam desertum, inde item   845
in aliud, inde in aliud: ita miserrimus
fui fugitando nequi' me cognosceret.
sed estne haec Thai' quam video? ipsast. haereo
quid faciam. quid mea autem? quid faciet mihi?
TH. adeamu'. bone vir Dore, salve: dic mihi,   850
aufugistin? **CH.** era, factum. **TH.** satine id tibi placet?
CH. non. **TH.** credin te inpune habiturum? **CH.** unam hanc noxiam
amitte: si aliam admisero umquam, occidito.
TH. num m<ea>m saevitiam veritus es? **CH.** non. **TH.** quid igitur?
CH. hanc metui ne me criminaretur tibi.   855
TH. quid feceras? **CH.** paullum quiddam. **PY.** eho "paullum", inpudens?
an paullum hoc esse tibi videtur, virginem
vitiare civem? **CH.** conservam esse credidi.
PY. conservam! vix me contineo quin involem in
capillum, monstrum: etiam ultro derisum advenit.   860
TH. abin hinc, insana? **PY.** quid ita? vero debeam,
credo, isti quicquam furcifero si id fecerim;
praesertim quom se servom fateatur tuom.
TH. missa haec faciamu'. non te dignum, Chaerea,
fecisti; nam si ego digna hac contumelia   865
sum maxume, at tu indignu' qui faceres tamen.
neque edepol quid nunc consili capiam scio
de virgine istac: ita conturbasti mihi
rationes omnis, ut eam non possim suis
ita ut aequom fuerat atque ut studui tradere,   870
ut solidum parerem hoc mi beneficium, Chaerea.
CH. at nunc de(h)inc spero aeternam inter nos gratiam
fore, Thai'. saepe ex hui(u)smodi re quapiam et
malo principio magna familiaritas
conflatast. quid si hoc quispiam voluit deus?   875
TH. equidem pol in eam partem accipioque et volo.
CH. immo ita quaeso. unum hoc scito, contumeliae
me non fecisse causa, sed amoris. **TH.** scio,
et pol propterea mage nunc ignosco tibi.
non adeo inhumano ingenio sum, Chaerea,   880
neque ita inperita ut quid amor valeat nesciam.
CH. te quoque iam, Thais, ita me di bene ament, amo.
PY. tum pol tibi ab istoc, era, cavendum intellego.
CH. non ausim. **PY.** nil tibi quicquam credo. **TH.** desinas.

CH. nunc ego te in hac re mi oro ut adiutrix sies,   885
ego me tuae commendo et committo fide[i],
te mihi patronam capio, Thai', te obsecro:
emoriar si non hanc uxorem duxero.
TH. tamen si pater . . ? **CH.** quid? ah volet, certo scio,
civis modo haec sit. **TH.** paullulum opperirier   890
si vis, iam frater ipse hic aderit virginis;
nutricem accersitum iit quae illam aluit parvolam:
in cognoscendo tute ipse aderi', Chaerea.
CH. ego vero maneo. **TH.** vin interea, dum venit,
domi opperiamur potiu' quam hic ante ostium?   895
CH. immo percupio. **PY.** quam tu rem actura obsecro es?
TH. nam quid ita? **PY.** rogitas? hunc tu in aedis cogitas
recipere posthac? **TH.** quor non? **PY.** crede hoc m<eae> fide[i],
dabit hic pugnam aliquam denuo. **TH.** au tace obsecro.
PY. parum perspexisse ei(u)s videre audaciam.   900
CH. non faciam, Pythias. **PY.** non credo, Chaerea,
nisi si commissum non erit. **CH.** quin, Pythias,
tu me servato. **PY.** neque pol servandum tibi
quicquam dare ausim neque te servare: apage te.
TH. adest optume ipse frater. **CH.** perii hercle: obsecro   905
abeamus intro, Thais: nolo me in via
cum hac veste videat. **TH.** quam ob rem tandem? an quia pudet?
CH. id ipsum. **PY.** id ipsum? virgo vero! **TH.** i prae, sequor.
tu istic mane ut Chremem intro ducas, Pythias.

Pythias Chremes Sophrona
V.iii
PY. Quid, quid venire in mentem nunc possit mihi,   910
quidnam qui referam sacrilego illi gratiam
qui hunc suppos<i>vit nobis? **CH.** move vero ocius
te nutrix. **SO.** moveo. **CH.** video, sed nil promoves.
PY. iamne ostendisti signa nutrici? **CH.** omnia.
PY. amabo, quid ait? cognoscitne? **CH.** ac memoriter.   915
PY. probe edepol narras; nam illi faveo virgini.
ite intro: iamdudum era vos exspectat domi.—
virum bonum eccum Parmenonem incedere
video: vide ut otiosus it! si dis placet,
spero me habere qui hunc meo excruciem modo.   920

ibo intro de cognitione ut certum sciam:
post exibo atque hunc perterrebo sacrilegum.

Parmeno Pythias
V.iv
PA. Reviso quidnam Chaerea hic rerum gerat.
quod si astu rem tractavit, di vostram fidem,
quantam et quam veram laudem capiet Parmeno!   925
nam ut mittam quod ei amorem difficillimum et
carissimum, a meretrice avara virginem
quam amabat, eam confeci sine molestia
sine sumptu et sine dispendio: tum hoc alterum,
id verost quod ego mi puto palmarium,   930
me repperisse quo modo adulescentulus
meretricum ingenia et mores posset noscere
mature, ut quom cognorit perpetuo oderit.
quae dum foris sunt nil videtur mundius,
nec mage compositum quicquam nec magis elegans   935
quae cum amatore quom cenant ligurriunt.
harum videre inluviem sordes inopiam,
quam inhonestae solae sint domi atque avidae cibi,
quo pacto ex iure hesterno panem atrum vorent,
nosse omnia haec salus est adulescentulis.   940
PY. ego pol te pro istis dictis et factis, scelus,
ulciscar, ut ne inpune in nos inluseris.
pro deum fidem, facinu' foedum! o infelicem adulescentulum!
o scelestum Parmenonem, qui istum huc adduxit! **PA.** quid est?
PY. miseret me: itaque ut ne viderem, misera huc ecfugi foras.   945
quae futura exempla dicunt in illum indigna! **PA.** o Iuppiter,
quae illaec turbast? numnam ego perii? adibo. quid istuc, Pythias?
quid ais? in quem exempla fient? **PY.** rogitas, audacissime?
perdidisti istum quem adduxti pro eunucho adulescentulum,
dum studes dare verba nobis. **PA.** quid ita? aut quid factumst? cedo.950
PY. dicam: virginem istam, Thaidi hodie quae dono datast,
scis eam hinc civem esse? et fratrem ei(u)s [esse] adprime nobilem?
PA. nescio. **PY.** atqui sic inventast: eam istic vitiavit miser.
ille ubi id rescivit factum frater violentissimus
PA. quidnam fecit? **PY.** conligavit primum eum miseris modis.   955
PA. hem conligavit? **PY.** atque quidem orante ut ne id faceret
Thaide.   955a

PA. quid ais? **PY.** nunc minatur porro sese id quod moechis solet:
quod ego numquam vidi fieri neque velim. **PA.** qua audacia
tantum facinus audet? **PY.** quid ita "tantum"? **PA.** an non tibi hoc
maxumumst?
quis homo pro moecho umquam vidit in domo meretricia   960
prendi quemquam? **PY.** nescio. **PA.** at ne hoc nesciatis, Pythias:
dico edico vobis nostrum esse illum erilem filium. **PY.** hem
obsecro, an is est? **PA.** nequam in illum Thai' vim fieri sinat!
atque adeo autem quor non egomet intro eo? **PY.** vide, Parmeno,
quid agas, ne neque illi prosis et tu pereas; nam hoc putant   965
quidquid factumst ex te esse ortum. **PA.** quid igitur faciam miser?
quidve incipiam? ecce autem video rure redeuntem senem.
dicam huic an non? ei dicam hercle; etsi mihi magnum malum
scio paratum; sed necessest huic ut subveniat. **PY.** sapis.
ego abeo intro: tu isti narra omne[m] ordine[m] ut factum siet. 970

Senex Parmeno
V.v
SE. Ex m<eo> propinquo rure hoc capio commodi:
neque agri neque urbis odium me umquam percipit.
ubi satias coepit fieri commuto locum.
sed estne ille noster Parmeno? et certe ipsus est.
quem praestolare, Parmeno, hic ante ostium?   975
PA. quis homost? ehem salvom te advenire, ere, gaudeo.
SE. quem praestolare? **PA.** perii: lingua haeret metu. **SE.** hem
quid est? quid trepidas? satine salve? dic mihi.
PA. ere, primum te arbitrari [id] quod res est velim:
quidquid huiu' factumst, culpa non factumst mea.   980
SE. quid? **PA.** recte sane interrogasti: oportuit
rem praenarrasse me. emit quendam Phaedria
eunuchum quem dono huic daret. **SE.** quoi? **PA.** Thaidi.
SE. emit? perii hercle. quanti? **PA.** viginti minis.
SE. actumst. **PA.** tum quandam fidicinam amat hic Chaerea. 985
SE. hem quid? amat? an scit ill' iam quid meretrix siet?
an in astu venit? aliud ex alio malum!
PA. ere, ne me spectes: me inpulsore haec non facit.
SE. omitte de te dicere. ego te, furcifer,
si vivo . . ! sed istuc quidquid est primum expedi.   990
PA. is pro illo eunucho ad Thaidem hanc deductus est.
SE. pro eunuchon? **PA.** sic est. hunc pro moecho postea

conprendere intus et constrinxere. **SE.** occidi.
PA. audaciam meretricum specta. **SE.** numquid est
aliud mali damnive quod non dixeris   995
relicuom? **PA.** tantumst. **SE.** cesso huc intro rumpere?—
PA. non dubiumst quin mi magnum ex hac re sit malum;
nisi, quia necessu' fuit hoc facere, id gaudeo
propter me hisce aliquid esse eventurum mali.
nam iamdiu aliquam causam quaerebat senex   1000
quam ob rem insigne aliquid faceret is: nunc repperit.

Pythias Parmeno
V.vi

PY. Numquam edepol quicquam iamdiu quod mage vellem evenire
mi evenit quam quod modo senex intro ad nos venit errans.
mihi solae ridiculo fuit quae quid timeret scibam.
PA. quid hoc autemst? **PY.** nunc id prodeo ut conveniam
Parmenonem.   1005
sed ubi obsecro est? **PA.** me quaerit haec. **PY.** atque eccum video:
adibo.
PA. quid est, inepta? quid tibi vis? quid rides? pergin? **PY.** perii:
defessa iam sum misera te ridendo. **PA.** quid ita? **PY.** rogitas?
numquam pol hominem stultiorem vidi nec videbo. ah
non possum sati' narrare quos ludos praebueris intus   1010
[de sene quem fecisti ingredi pulsantem ut<i> senes solent].   1010a
at etiam primo callidum et disertum credidi hominem.
quid? ilicone credere ea quae dixi oportuit te?
an paenitebat flagiti, te auctore quod fecisset
adulescens, ni miserum insuper etiam patri indicares?
nam quid illi credis animi tum fuisse, ubi vestem vidit   1015
illam esse eum indutum pater? quid est? iam scis te perisse?
PA. ehem quid dixti, pessuma? an mentita es? etiam rides?
itan lepidum tibi visumst, scelus, nos inridere? **PY.** nimium.
PA. siquidem istuc inpune habueris . . ! **PY.** verum? **PA.** reddam
hercle. **PY.** credo:
sed in diem istuc, Parmeno, est fortasse quod minare.   1020
tu iam pendebi' qui stultum adulescentulum nobilitas
flagitiis et eundem indicas: uterque in te exempla edent.
PA. nullus sum. **PY.** hic pro illo munere tibi honos est habitus: abeo.
PA. egomet meo indicio miser quasi sorex hodie perii.

Gnatho Thraso Parmeno
V.vii

GN. Quid nunc? qua spe aut quo consilio huc imu'? quid coeptas,
Thraso?   1025
TH. egone? ut Thaidi me dedam et faciam quod iubeat. **GN.** quid est?
TH. qui minu' quam Hercules servivit Omphalae? **GN.** exemplum
placet.
(utinam tibi conmitigari videam sandalio caput!)
sed fores crepuerunt ab ea. **TH.** perii: quid hoc autemst mali?
hunc ego numquam videram etiam: quidnam hic properans
prosilit?   1030

Chaerea Parmeno Gnatho Thraso
V.viii

CH. O populares, ecqui' me hodie vivit fortunatior?
nemo hercle quisquam; nam in me plane di potestatem suam
omnem ostendere quoi tam subito tot congruerint commoda.
PA. quid hic laetus est? **CH.** o Parmeno mi, o m<ea>rum voluptatum
omnium
inventor inceptor perfector, scis me in quibu' sim gaudiis?   1035
scis Pamphilam m<ea>m inventam civem? **PA.** audivi. **CH.** scis
sponsam mihi?
PA. bene, ita me di ament, factum. **GN.** audin tu, hic quid ait? **CH.** tum
autem Phaedriae
m<eo> fratri gaudeo esse amorem omnem in tranquillo: unast domus;
Thais patri se commendavit, in clientelam et fidem
nobis dedit se. **PA.** fratris igitur Thai' totast? **CH.** scilicet.   1040
PA. iam hoc aliud est quod gaudeamu': miles pelletur foras.
CH. tu frater ubi ubi est fac quam primum haec audiat. **PA.** visam
domum.—
TH. numquid, Gnatho, tu dubitas quin ego nunc perpetuo perierim?
GN. sine dubio opinor. **CH.** quid commemorem primum aut laudem
maxume?
illumne qui mihi dedit consilium ut facerem, an me qui id ausu'
sim   1045
incipere, an fortunam conlaudem quae gubernatrix fuit,
quae tot res tantas tam opportune in unum conclusit diem,
an m<ei> patris festivitatem et facilitatem? o Iuppiter,
serva obsecro haec bona nobis!

Phaedria Chaerea Thraso Gnatho
V.ix

PH. Di vostram fidem, incredibilia
Parmeno modo quae narravit. sed ubist frater? **CH.** praesto
adest.   1050
PH. gaudeo. **CH.** sati' credo. nil est Thaide hac, frater, tua
digniu' quod ametur: ita nostrae omnist fautrix familiae. **PH.** hui
mihi illam laudas? **TH.** perii, quanto minu' sp<ei> 'st tanto magis amo.
obsecro, Gnatho, in te spes est. **GN.** quid vis faciam? **TH.** perfice hoc
precibu' pretio ut haeream in parte aliqua tandem apud
Thaidem.   1055
GN. difficilest. **TH.** siquid conlubitum, novi te. hoc si feceris,
quodvis donum praemium a me optato: id optatum auferes.
GN. itane? **TH.** sic erit. **GN.** si efficio hoc, postulo ut mihi tua domus
te praesente absente pateat, invocato ut sit locus
semper. **TH.** do fidem futurum. **GN.** adcingar. **PH.** quem ego hic
audio?   1060
o Thraso. **TH.** salvete. **PH.** tu fortasse quae facta hic sient
nescis. **TH.** scio. **PH.** quor te ergo in his ego conspicor regionibus?
TH. vobis fretu'. **PH.** scin quam fretu'? miles, edico tibi,
si te in platea offendero hac post umquam, quod dicas mihi
"alium quaerebam, iter hac habui": periisti. **GN.** heia haud sic
decet.   1065
PH. dictumst. **TH.** non cognosco vostrum tam superbum . . **PH.** sic ago.
GN. prius audite paucis: quod quom dixero, si placuerit,
facitote. **CH.** audiamu'. **GN.** tu concede paullum istuc, Thraso.
principio ego vos ambos credere hoc mihi vehementer velim,
me huiu' quidquid facio id facere maxume causa mea;   1070
verum si idem vobis prodest, vos non facere inscitiast.
PH. quid id est? **GN.** militem rivalem ego recipiundum
censeo. **PH.** hem
recipiundum? **GN.** cogita modo: tu hercle cum illa, Phaedria,
ut lubenter vivis (etenim bene lubenter victitas),
quod des paullumst et necessest multum accipere Thaidem.   1075
ut tuo amori suppeditare possit sine sumptu tuo ad
omnia haec, magis opportunu' nec magis ex usu tuo
nemost. principio et habet quod det et dat nemo largius.
fatuos est, insulsu' tardu', stertit noctes et dies:
neque istum metuas ne amet mulier: facile pellas ubi velis.   1080
CH. quid agimus? **GN.** praeterea hoc etiam, quod ego vel primum puto,

accipit homo nemo meliu' prorsu' neque prolixius.
CH. mirum ni illoc homine quoquo pacto opust. **PH.** idem ego arbitror.
GN. recte facitis. unum etiam hoc vos oro, ut me in vostrum gregem
recipiati': sati' diu hoc iam saxum vorso. **PH.** recipimus.   1085
CH. ac lubenter. **GN.** at ego pro istoc, Phaedria et tu Chaerea,
hunc comedendum vobis propino et deridendum. **CH.** placet.
PH. dignus est. **GN.** Thraso, ubi vis accede. **TH.** obsecro te, quid
agimus?
GN. quid? isti te ignorabant: postquam is mores ostendi tuos
et conlaudavi secundum facta et virtutes tuas,   1090
impetravi. **TH.** bene fecisti: gratiam habeo maxumam.
numquam etiam fui usquam quin me omnes amarent plurimum.
GN. dixin ego in hoc esse vobis Atticam elegantiam?
PH. nil praeter promissum est. ite hac. **CANTOR.** vos valete et
plaudite!

PHORMIO

PROLOGVS

Postquam poeta vetu' poetam non potest
retrahere a studio et transdere hominem in otium,
maledictis deterrere ne scribat parat;
qui ita dictitat, quas ante hic fecit fabulas
tenui esse oratione et scriptura levi: 5
quia nusquam insanum scripsit adulescentulum
cervam videre fugere et sectari canes
et eam plorare, orare ut subveniat sibi.
quod si intellegeret, quom stetit olim nova,
actoris opera mage stetisse quam sua,   10
minu' multo audacter quam nunc laedit laederet
[et mage placerent quas fecisset fabulas].   11a
nunc siquis est qui hoc dicat aut sic cogitet:
"vetu' si poeta non lacessisset prior,
nullum invenire prologum po[tui]sset novos
quem diceret, nisi haberet cui male diceret,"   15
is sibi responsum hoc habeat, in medio omnibus
palmam esse positam qui artem tractent musicam.
ille ad famem hunc a studio studuit reicere:
hic respondere voluit, non lacessere.
benedictis si certasset, audisset bene: 20
quod ab illo adlatumst, sibi esse rellatum putet.
de illo iam finem faciam dicundi mihi,
peccandi quom ipse de se finem non facit.
nunc quid velim animum attendite: adporto novam
Epidicazomenon quam vocant comoediam   25
Graeci, Latini Phormionem nominant
quia primas partis qui aget is erit Phormio
parasitu', per quem res geretur maxume
voluntas vostra si ad poetam accesserit.
date operam, adeste aequo animo per silentium,   30
ne simili utamur fortuna atque usi sumus

quom per tumultum noster grex motus locost:
quem actori' virtus nobis restituit locum
bonitasque vostra adiutans atque aequanimitas.

ACTVS I

Davos

Amicu' summu' meus et popularis Geta   35
heri ad me venit. erat <ei> de ratiuncula
iampridem apud me relicuom pauxillulum
nummorum: id ut conficerem. confeci: adfero.
nam erilem filium eiu' duxisse audio
uxorem: <ei> credo munus hoc conraditur.   40
quam inique comparatumst, i qui minus habent
ut semper aliquid addant ditioribus!
quod ille unciatim vix de demenso suo
suom defrudans genium conpersit miser,
id illa univorsum abripiet, haud existumans   45
quanto labore partum. porro autem Geta
ferietur alio munere ubi era pepererit;
porro autem alio ubi erit puero natalis dies;
ubi initiabunt. omne hoc mater auferet:
puer causa erit mittundi. sed videon Getam?   50

Geta Davos

Ge. Siquis me quaeret rufu' . . **Da.** praestost, desine. **Ge.** oh
at ego obviam conabar tibi, Dave. **Da.** accipe, em:
lectumst; conveniet numeru' quantum debui.
Ge. amo te et non neglexisse habeo gratiam.
Da. praesertim ut nunc sunt mores: adeo res redit: 55
siquis quid reddit magna habendast gratia.
sed quid tu es tristis? **Ge.** egone? nescis quo in metu et
quanto in periclo simu'! **Da.** quid istuc est? **Ge.** scies,
modo ut tacere possis. **Da.** abi sis, insciens:
quoi(u)s tu fidem in pecunia perspexeris,   60
verere verba <ei> credere, ubi quid mihi lucrist
te fallere? **Ge.** ergo ausculta. **Da.** hanc operam tibi dico.
Ge. seni' nostri, Dave, fratrem maiorem Chremem
nostin? **Da.** quidni? **Ge.** quid? eiu' gnatum Phaedriam?
Da. tam quam te. **Ge.** evenit senibus ambobus simul   65
iter illi in Lemnum ut esset, nostro in Ciliciam

ad hospitem antiquom. is senem per epistulas
pellexit modo non montis auri pollicens.
Da. quoi tanta erat res et supererat? **Ge.** desinas:
sic est ingenium. **Da.** oh regem me esse oportuit! 70
Ge. abeuntes ambo hic tum senes me filiis
relinquont quasi magistrum. **Da.** o Geta, provinciam
cepisti duram. **Ge.** mi usu venit, hoc scio:
memini relinqui me deo irato meo.
coepi advorsari primo: quid verbis opust? 75
seni fideli' dum sum scapulas perdidi.
Da. venere in mentem mi istaec: "namque inscitiast
advorsu' stimulum calces." **Ge.** coepi is omnia
facere, obsequi quae vellent. **Da.** scisti uti foro.
Ge. noster mali nil quicquam primo; hic Phaedria 80
continuo quandam nactus est puellulam
citharistriam, hanc ardere coepit perdite.
ea serviebat lenoni inpurissimo,
neque quod daretur quicquam; id curarant patres.
restabat aliud nil nisi oculos pascere, 85
sectari, in ludum ducere et reducere.
nos otiosi operam dabamus Phaedriae.
in quo haec discebat ludo, exadvorsum ilico
tonstrina erat quaedam: hic solebamus fere
plerumque eam opperiri dum inde iret domum. 90
interea dum sedemus illi, intervenit
adulescens quidam lacrumans. nos mirarier:
rogamu' quid sit. "numquam aeque" inquit "ac modo
paupertas mihi onu' visumst et miserum et grave.
modo quandam vidi virginem hic viciniae 95
miseram s<ua>m matrem lamentari mortuam.
ea sita erat exadvorsum neque illi benivolus
neque notu' neque vicinus extra unam aniculam
quisquam aderat qui adiutaret funu': miseritumst.
virgo ipsa facie egregia." quid verbis opust? 100
commorat omnis nos. ibi continuo Antipho
"voltisne eamu' visere?" alius "censeo:
eamu': duc nos sodes." imus venimus
videmu'. virgo pulchra, et quo mage diceres,
nil aderat adiumenti ad pulchritudinem: 105
capillu' passu', nudu' pes, ipsa horrida,

lacrumae, vestitu' turpis: ut, ni vis boni
in ipsa inesset forma, haec formam exstinguerent.
ill' qui illam amabat fidicinam tantummodo
"satis" inquit "scitast"; noster vero . . **Da.** iam scio: 110
amare coepit. **Ge.** scin quam? quo evadat vide.
postridie ad anum recta pergit: obsecrat
ut sibi eiu' faciat copiam. illa enim se negat
neque eum aequom facere ait: illam civem esse Atticam,
bonam bonis prognatam: si uxorem velit,   115
lege id licere facere: sin aliter, negat.
noster quid ageret nescire: et illam ducere
cupiebat et metuebat absentem patrem.
Da. non, si redisset, <ei> pater veniam daret?
Ge. ille indotatam virginem atque ignobilem   120
daret illi? numquam faceret. **Da.** quid fit denique?
Ge. quid fiat? est parasitu' quidam Phormio,
homo confidens: qui illum di omnes perduint!
Da. quid is fecit? **Ge.** hoc consilium quod dicam dedit:
"lex est ut orbae, qui sint genere proxumi,   125
is nubant, et illos ducere eadem haec lex iubet.
ego te cognatum dicam et tibi scribam dicam;
paternum amicum me adsimulabo virginis:
ad iudices veniemu': qui fuerit pater,
quae mater, qui cognata tibi sit, omnia haec   130
confingam, quod erit mihi bonum atque commodum;
quom tu horum nil refelles vincam scilicet:
pater aderit: mihi paratae lites: quid mea?
illa quidem nostra erit." **Da.** iocularem audaciam!
Ge. persuasit homini: factumst: ventumst: vincimur: 135
duxit. **Da.** quid narras? **Ge.** hoc quod audis. **Da.** o Geta,
quid te futurumst? **Ge.** nescio hercle; unum hoc scio,
quod fors feret feremus aequo animo. **Da.** placet:
em istuc virist officium. **Ge.** in me omni' spes mihist.
Da. laudo. **Ge.** ad precatorem adeam credo qui mihi   140
sic oret: "nunc amitte quaeso hunc; ceterum
posthac si quicquam, nil precor." tantummodo
non addit: "ubi ego hinc abiero, vel occidito."
Da. quid paedagogus ille qui citharistriam,
quid r<ei> gerit? **Ge.** sic, tenuiter. **Da.** non multum habet   145
quod det fortasse? **Ge.** immo nil nisi spem meram.

Da. pater ei(u)s rediit an non? **Ge.** nondum. **Da.** quid? senem
quoad exspectati' vostrum? **Ge.** non certum scio,
sed epistulam ab eo adlatam esse audivi modo
et ad portitores esse delatam: hanc petam.   150
Da. numquid, Geta, aliud me vis? **Ge.** ut bene sit tibi.
puer, heus. nemon hoc prodit? cape, da hoc Dorcio.
Antipho Phaedria
An. Adeon rem redisse ut qui mi consultum optume velit esse,
Phaedria, patrem ut extimescam ubi in mentem ei(u)s adventi venit!
quod ni f<ui>ssem incogitans, ita eum exspectarem ut par fuit.   155
Ph. quid istuc [est]? **An.** rogitas, qui tam audaci' facinori' mihi
conscius sis?
quod utinam ne Phormioni id suadere in mentem incidisset
neu me cupidum eo inpulisset, quod mihi principiumst mali!
non potitus essem: f<ui>sset tum illos mi aegre aliquot dies,
at non cotidiana cura haec angeret animum, **Ph.** audio.   160
An. dum exspecto quam mox veniat qui adimat hanc mi
consuetudinem.
Ph. aliis quia defit quod amant aegrest; tibi quia superest dolet:
amore abundas, Antipho.
nam tua quidem hercle certo vita haec expetenda optandaque est.
ita me di bene ament ut mihi liceat tam diu quod amo frui,   165
iam depecisci morte cupio: tu conicito cetera,
quid ego ex hac inopia nunc capiam et quid tu ex ista copia,
ut ne addam quod sine sumptu ingenuam, liberalem nactus es,
quod habes, ita ut voluisti, uxorem sine mala fama palam:
beatu', ni unum desit, animu' qui modeste istaec ferat.   170
quod si tibi res sit cum eo lenone quo mihist tum sentias.
ita plerique ingenio sumus omnes: nostri nosmet paenitet.
An. at tu mihi contra nunc videre fortunatus, Phaedria,
quoi de integro est potestas etiam consulendi quid velis:
retinere amare amittere; ego in eum incidi infelix locum   175
ut neque mihi [ei(u)s] sit amittendi nec retinendi copia.
sed quid hoc est? videon ego Getam currentem huc advenire?
is est ipsus. ei, timeo miser quam hic mihi nunc nuntiet rem.
Geta Antipho Phaedria
Ge. Nullus es, Geta, nisi iam aliquod tibi consilium celere reperis,
ita nunc inparatum subito tanta te inpendent mala;   180
quae neque uti devitem scio neque quo modo me inde extraham,
quae si non astu providentur me aut erum pessum dabunt;   181a

nam non potest celari nostra diutius iam audacia.
An. quid illic commotus venit?
Ge. tum temporis mihi punctum ad hanc rem est: erus adest. **An.** quid
illuc malist?
Ge. quod quom audierit, quod eiu' remedium inveniam
iracundiae   185
loquarne? incendam; taceam? instigem; purgem me? laterem lavem.
heu me miserum! quom mihi paveo, tum Antipho me excruciat animi:
ei(u)s me miseret, <ei> nunc timeo, is nunc me retinet: nam absque eo
esset,
recte ego mihi vidissem et senis essem ultus iracundiam:
aliquid convasassem atque hinc me conicerem protinam in pedes. 190
An. quam hic fugam aut furtum parat?
Ge. sed ubi Antiphonem reperiam, aut qua quaerere insistam via?
Ph. te nominat. **An.** nescioquod magnum hoc nuntio exspecto malum.
Ph. ah
sanus es? **Ge.** domum ire pergam: ibi plurimumst.
Ph. revocemus hominem. **An.** sta ilico. **Ge.** hem   195
sati' pro imperio, quisquis es. **An.** Geta. **Ge.** ipsest quem volui obviam.
An. cedo quid portas, obsecro? atque id, si potes, verbo expedi.
Ge. faciam. **An.** eloquere. **Ge.** modo apud portum . . **An.** m<eu>mne?
Ge. intellexti. **An.** occidi. **Ph.** hem . .
An. quid agam? **Ph.** quid ais? **Ge.** hui(u)s patrem vidisse me et
patruom tuom.
An. nam quod ego huic nunc subito exitio remedium inveniam
miser?   200
quod si eo m<eae> fortunae redeunt, Phanium, abs te ut distrahar,
nullast mihi vita expetenda. **Ge.** ergo istaec quom ita sunt, Antipho,
tanto mage te advigilare aequomst: fortis fortuna adiuvat.
An. non sum apud me. **Ge.** atqui opus est nunc quom maxume ut sis,
Antipho;
nam si senserit te timidum pater esse, arbitrabitur   205
commeruisse culpam. **Ph.** hoc verumst. **An.** non possum inmutarier.
Ge. quid faceres si aliud quid graviu' tibi nunc faciundum foret?
An. quom hoc non possum, illud minu' possem. **Ge.** hoc nil est,
Phaedria: ilicet.
quid hic conterimus operam frustra? quin abeo? **Ph.** et quidem ego?
An. obsecro,
quid si adsimulo? satinest? **Ge.** garris. **An.** voltum contemplamini:
em   210

satine sic est? **Ge.** non. **An.** quid si sic? **Ge.** propemodum. **An.** quid sic?
Ge. sat est:
em istuc serva: et verbum verbo, par pari ut respondeas,
ne te iratu' s<ui>s saevidicis dictis protelet. **An.** scio.
Ge. vi coactum te esse invitum. **Ph.** lege, iudicio. **Ge.** tenes?
sed hic quis est senex quem video in ultima platea? ipsus est.   215
An. non possum adesse. **Ge.** ah quid agis? quo abis Antipho?
mane inquam. **An.** egomet me novi et peccatum meum:
vobis commendo Phanium et vitam meam.--
Ph. Geta, quid nunc fiet? **Ge.** tu iam litis audies;
ego plectar pendens nisi quid me fefellerit.   220
sed quod modo hic nos Antiphonem monuimus,
id nosmet ipsos facere oportet, Phaedria.
Ph. aufer mi "oportet": quin tu quid faciam impera.
Ge. meministin olim ut fuerit vostra oratio
in re incipiunda ad defendendam noxiam,   225
iustam illam causam facilem vincibilem optumam?
Ph. memini. **Ge.** em nunc ipsast opus ea aut, siquid potest,
meliore et callidiore. **Ph.** fiet sedulo.
Ge. nunc prior adito tu, ego in insidiis hic ero
succenturiatu', siquid deficias. **Ph.** age.   230

ACTVS II

Demipho Phaedria Geta
De. Itane tandem uxorem duxit Antipho iniussu meo?
nec meum imperium--ac mitto imperium--, non simultatem meam
revereri saltem! non pudere! o facinus audax, o Geta
monitor! **Ge.** vix tandem. **De.** quid mihi dicent aut quam causam
reperient?
demiror. **Ge.** atqui reperiam: aliud cura. **De.** an hoc dicet mihi: 235
"invitu' feci. lex coegit"? audio, fateor. **Ge.** places.
De. verum scientem, tacitum causam tradere advorsariis,
etiamne id lex coegit? **Ph.** illud durum. **Ge.** ego expediam: sine!
De. incertumst quid agam, quia praeter spem atque incredibile hoc mi
optigit:
ita sum irritatus animum ut nequeam ad cogitandum instituere.   240
quam ob rem omnis, quom secundae res sunt maxume, tum maxume
meditari secum oportet quo pacto advorsam aerumnam ferant,
pericla damna exsilia: peregre rediens semper cogitet

aut fili peccatum aut uxori' mortem aut morbum filiae
communia esse haec, fieri posse, ut ne quid animo sit novom;   245
quidquid praeter spem eveniat, omne id deputare esse in lucro.
Ge. o Phaedria, incredibile[st] quantum erum ante eo sapientia
meditata mihi sunt omnia mea incommoda eru' si redierit.
molendum esse in pistrino, vapulandum; habendae compedes,
opu' ruri faciundum, horum nil quicquam accidet animo novom. 250
quidquid praeter spem eveniet, omne id deputabo esse in lucro.
sed quid cessas hominem adire et blande in principio adloqui?
De. Phaedriam m<ei> fratri' video filium mi ire obviam.
Ph. mi patrue, salve. **De.** salve; sed ubist Antipho?
Ph. salvom venire . . **De.** credo; hoc responde mihi.   255
Ph. valet, hic est; sed satin omnia ex sententia?
De. vellem quidem. **Ph.** quid istuc est? **De.** rogitas, Phaedria?
bonas me absente hic confecistis nuptias.
Ph. eho an id suscenses nunc illi? **Ge.** artificem probum!
De. egon illi non suscenseam? ipsum gestio   260
dari mi in conspectum, nunc sua culpa ut sciat
lenem patrem illum factum me esse acerrimum.
Ph. atqui nil fecit, patrue, quod suscenseas.
De. ecce autem similia omnia! omnes congruont:
unum quom noris omnis noris. **Ph.** haud itast.   265
De. hic in noxast, ille ad defendundam causam adest;
quom illest, hic praestost: tradunt operas mutuas.
Ge. probe horum facta inprudens depinxit senex.
De. nam ni haec ita essent, cum illo haud stares, Phaedria.
Ph. si est, patrue, culpam ut Antipho in se admiserit,   270
ex qua re minu' r<ei> foret aut famae temperans,
non causam dico quin quod meritu' sit ferat.
sed siqui' forte malitia fretus sua
insidias nostrae fecit adulescentiae
ac vicit, nostra[n] culpa east an iudicum,   275
qui saepe propter invidiam adimunt diviti
aut propter misericordiam addunt pauperi?
Ge. ni nossem causam, crederem vera hunc loqui.
De. an quisquam iudex est qui possit noscere
tua iusta, ubi tute verbum non respondeas,   280
ita ut ille fecit? **Ph.** functus adulescentulist
officium liberali': postquam ad iudices
ventumst, non potuit cogitata proloqui;

ita eum tum timidum ibi obstupefecit pudor.
Ge. laudo hunc, sed cesso adire quam primum senem?   285
ere, salve: salvom te advenisse gaudeo. **De.** oh
bone custos, salve, columen vero familiae,
quoi commendavi filium hinc abiens meum.
Ge. iamdudum te omnis nos accusare audio
inmerito et me omnium horunc inmeritissimo.   290
nam quid me in hac re facere voluisti tibi?
servom hominem causam orare leges non sinunt
neque testimoni dictiost. **De.** mitto omnia;
do istuc "inprudens timuit adulescens"; sino
"tu servo's"; verum si cognata est maxume,   295
non f<ui>t necessum habere; sed id quod lex iubet,
dotem dareti', quaereret alium virum.
qua ratione inopem potiu' ducebat domum?
Ge. non ratio, verum argentum deerat. **De.** sumeret
alicunde. **Ge.** alicunde? nil est dictu facilius.   300
De. postremo si nullo alio pacto, fenore.
Ge. hui dixti pulchre! siquidem quisquam crederet
te vivo. **De.** non, non sic futurumst: non potest.
egon illam cum illo ut patiar nuptam unum diem?
nil suave meritumst. hominem conmonstrarier   305
mihi istum volo aut ubi habitet demonstrarier.
Ge. nemp' Phormionem? **De.** istum patronum mulieris.
Ge. iam faxo hic aderit. **De.** Antipho ubi nunc est? **Ge.** foris.
De. abi, Phaedria, <eu>m require atque huc adduce. **Ph.** eo:
recta via quidem--illuc. **Ge.** nempe ad Pamphilam.   310
De. ego d<eo>s Penatis hinc salutatum domum
devortar; inde ibo ad forum atque aliquos mihi
amicos advocabo ad hanc rem qui adsient,
ut ne inparatu' sim si veniat Phormio

Phormio Geta

Ph. Itane patris ais adventum veritum hinc abiisse? **Ge.**
admodum.   315
Ph. Phanium relictam solam? **Ge.** sic. **Ph.** et iratum senem?
Ge. oppido. **Ph.** ad te summa solum, Phormio, rerum redit:
tute hoc intristi: tibi omnest exedendum: accingere.
Ge. obsecro te. **Ph.** si rogabit . . **Ge.** in te spes est. **Ph.** eccere
quid si reddet? **Ge.** tu inpulisti. **Ph.** sic opinor. **Ge.** subveni. 320
Ph. cedo senem: iam instructa sunt mi in corde consilia omnia.

Ge. quid ages? **Ph.** quid vis nisi uti maneat Phanium atque ex crimine hoc
Antiphonem eripiam atque in me omnem iram derivem senis?
Ge. o vir forti's atque amicus. verum hoc saepe, Phormio,
vereor, ne istaec fortitudo in nervom erumpat denique. **Ph.** ah 325
non ita est: factumst periclum, iam pedum visast via.
quot me censes homines iam deverberasse usque ad necem,
hospites, tum civis? quo mage novi, tanto saepius.
cedo dum, enumquam iniuriarum audisti mihi scriptam dicam?
Ge. qui istuc? **Ph.** quia non rete accipitri tennitur neque miluo, 330
qui male faciunt nobis: illis qui nil faciunt tennitur,
quia enim in illis fructus est, in illis opera luditur.
aliis aliundest periclum unde aliquid abradi potest:
mihi sciunt nil esse. dices "ducent damnatum domum":
alere nolunt hominem edacem et sapiunt mea sententia, 335
pro maleficio si beneficium summum nolunt reddere.
Ge. non potest sati' pro merito ab illo tibi referri gratia.
Ph. immo enim nemo sati' pro merito gratiam regi refert.
ten asymbolum venire unctum atque lautum e balineis,
otiosum ab animo, quom ille et cura et sumptu absumitur! 340
dum tibi fit quod placeat, ille ringitur: tu rideas,
prior bibas, prior decumbas; cena dubia apponitur.
Ge. quid istuc verbist? **Ph.** ubi tu dubites quid sumas potissimum.
haec quom rationem ineas quam sint suavia et quam cara sint,
ea qui praebet, non tu hunc habeas plane praesentem deum? 345
Ge. senex adest: vide quid agas: prima coitiost acerrima.
si <ea>m sustinueris, postilla iam ut lubet ludas licet.

Demipho Hegio Cratinvs Crito Phormio Geta

De. Enumquam quoiquam contumeliosius
audisti' factam iniuriam quam haec est mihi?
adeste quaeso. **Ge.** iratus est. **Ph.** quin tu hoc age: 350
iam ego hunc agitabo. pro deum inmortalium,
negat Phanium esse hanc sibi cognatam Demipho?
hanc Demipho negat esse cognatam? **Ge.** negat.
Ph. neque ei(u)s patrem se scire qui fuerit? **Ge.** negat.
De. ipsum esse opinor de quo agebam: sequimini. 355
Ph. nec Stilponem ipsum scire qui fuerit? **Ge.** negat.
Ph. quia egens relictast misera, ignoratur parens,
neglegitur ipsa: vide avaritia quid facit.
Ge. si erum insimulabi' malitiae male audies.

De. o audaciam! etiam me ultro accusatum advenit?   360
Ph. nam iam adulescenti nil est quod suscenseam,
si illum minu' norat; quippe homo iam grandior,
pauper, quoi opera vita erat, ruri fere
se continebat; ibi agrum de nostro patre
colendum habebat. saepe interea mihi senex   365
narrabat se hunc neglegere cognatum suom:
at quem virum! quem ego viderim in vita optumum.
Ge. videas te atque illum ut narras! **Ph.** in' malam crucem?
nam ni ita eum existumassem, numquam tam gravis
ob hanc inimicitias caperem in vostram familiam,   370
quam is aspernatur nunc tam inliberaliter.
Ge. pergin ero absenti male loqui, inpurissime?
Ph. dignum autem hoc illost. **Ge.** <ai>n tandem, carcer? **De.** Geta.
Ge. bonorum extortor, legum contortor! **De.** Geta.
Ph. responde. **Ge.** quis homost? ehem. **De.** tace. **Ge.** absenti
tibi   375
te indignas seque dignas contumelias
numquam cessavit dicere hodie. **De.** desine.
adulescens, primum abs te hoc bona venia peto,
si tibi placere potis est, mi ut respondeas:
quem amicum tuom ais f<ui>sse istum, explana mihi,   380
et qui cognatum me sibi esse diceret.
Ph. proinde expiscare quasi non nosses. **De.** nossem? **Ph.** ita.
De. ego me nego: tu qui ais redige in memoriam.
Ph. eho tu, sobrinum tuom non noras? **De.** enicas.
dic nomen. **Ph.** nomen? maxume. **De.** quid nunc taces?   385
Ph. perii hercle, nomen perdidi. **De.** [hem] quid ais? **Ph.** (Geta,
si meministi id quod olim dictumst, subice.) hem
non dico: quasi non nosses, temptatum advenis.
De. ego autem tempto? **Ge.** (Stilpo.) **Ph.** atque adeo quid mea?
Stilpost. **De.** quem dixti? **Ph.** Stilponem inquam noveras.   390
De. neque ego illum noram nec mihi cognatus fuit
quisquam istoc nomine. **Ph.** itane? non te horum pudet?
at si talentum rem reliquisset decem,
De. di tibi malefaciant! **Ph.** primus esses memoriter
progeniem vostram usque ab avo atque atavo proferens.   395
De. ita ut dicis. ego tum quom advenissem qui mihi
cognata ea esset dicerem: itidem tu face.
cedo qui est cognata? **Ge.** eu noster, recte. heus tu, cave.

Ph. dilucide expedivi quibu' me oportuit
iudicibu': tum id si falsum fuerat, filius   400
quor non refellit? **De.** filium narras mihi?
quoi(u)s de stultitia dici ut dignumst non potest.
Ph. at tu qui sapiens es magistratus adi
iudicium de <ea>dem causa iterum ut reddant tibi,
quandoquidem solu' regnas et soli licet   405
hic de <ea>dem causa bis iudicium adipiscier.
De. etsi mihi facta iniuriast, verum tamen
potius quam litis secter aut quam te audiam,
itidem ut cognata si sit, id quod lex iubet
dotis dare, abduce hanc, minas quinque accipe.   410
Ph. hahahae, homo suavi'. **De.** quid est? num iniquom postulo?
an ne hoc quidem ego adipiscar quod ius publicumst?
Ph. itan tandem, quaeso, itidem ut meretricem ubi abusu' sis,
mercedem dare lex iubet ei atque amittere?
an, ut nequid turpe civis in se admitteret   415
propter egestatem, proxumo iussast dari,
ut cum uno aetatem degeret? quod tu vetas.
De. ita, proxumo quidem; at nos unde? aut quam ob rem? **Ph.** ohe
"actum" aiunt "ne agas". **De.** non agam? immo haud desinam
donec perfecero hoc. **Ph.** ineptis. **De.** sine modo.   420
Ph. postremo tecum nil r<ei> nobis, Demipho, est:
tuos est damnatu' gnatu', non tu; nam tua
praeterierat iam ducendi aetas. **De.** omnia haec
illum putato quae ego nunc dico dicere;
aut quidem cum uxore hac ipsum prohibebo domo.   425
Ge. (iratus est.) **Ph.** tu te idem melius feceris.
De. itan es paratu' facere me advorsum omnia,
infelix? **Ph.** (metuit hic nos, tam etsi sedulo
dissimulat.) **Ge.** (bene habent tibi principia.) **Ph.** quin quod est
ferundum fers? t<ui>s dignum factis feceris,   430
ut amici inter nos simus? **De.** egon tuam expetam
amicitiam? aut te visum aut auditum velim?
Ph. si concordabi' cum illa, habebi' quae tuam
senectutem oblectet: respice aetatem tuam.
De. te oblectet, tibi habe. **Ph.** minue vero iram. **De.** hoc age: 435
sati' iam verborumst: nisi tu properas mulierem
abducere, ego illam eiciam. dixi, Phormio.
Ph. si tu illam attigeri' secu' quam dignumst liberam

dicam tibi inpingam grandem. dixi, Demipho.
siquid opu' fuerit, heus, domo me. **Ge.** intellego.   440
Demipho Geta Hegio Cratinvs Crito
De. Quanta me cura et sollicitudine adficit
gnatus, qui me et se hisce inpedivit nuptiis!
neque mi in conspectum prodit, ut saltem sciam
quid de hac re dicat quidve sit sententiae.
abi, vise redieritne iam an nondum domum.   445
Ge. eo.-- **De.** videti' quo in loco res haec siet:
quid ago? dic, Hegio. **He.** ego? Cratinum censeo,
si tibi videtur. **De.** dic, Cratine. **Cra.** mene vis?
De. te. **Cra.** ego quae in rem t<ua>m sint ea velim facias. mihi
sic hoc videtur: quod te absente hic filius   450
egit, restitui in integrum aequomst et bonum,
et id impetrabi'. dixi. **De.** dic nunc, Hegio.
He. ego sedulo hunc dixisse credo; verum itast,
quot homines tot sententiae: suo' quoique mos.
mihi non videtur quod sit factum legibus   455
rescindi posse; et turpe inceptust. **De.** dic, Crito.
Cri. ego amplius deliberandum censeo:
res magnast. **Cra.** numquid nos vis? **De.** fecistis probe:
incertior sum multo quam dudum.-- **Ge.** negant
redisse. **De.** frater est exspectandus mihi: 460
is quod mihi dederit de hac re consilium, id sequar.
percontatum ibo ad portum, quoad se recipiat.--
Ge. at ego Antiphonem quaeram, ut quae acta hic sint sciat.
sed eccum ipsum video in tempore huc se recipere.

ACTVS III

Antipho Geta
An. Enimvero, Antipho, multimodis cum istoc animo es
vituperandus: 465
itane te hinc abisse et vitam tuam tutandam aliis dedisse!
alios t<ua>m rem credidisti mage quam tete animum advorsuros?
nam, utut erant alia, illi certe quae nunc tibi domist consuleres,
nequid propter t<ua>m fidem decepta poteretur mali.
quoi(u)s nunc miserae spes opesque sunt in te uno omnes sitae.   470
Ge. et quidem, ere, nos iamdudum hic te absentem incusamu' qui
abieris.

An. te ipsum quaerebam. **Ge.** sed ea causa nihilo mage defecimus.
An. loquere obsecro, quonam in loco sunt res et fortunae meae?
numquid patri subolet? **Ge.** nil etiam. **An.** ecquid sp<ei> porrost? **Ge.**
nescio. An. ah.
Ge. nisi Phaedria haud cessavit pro te eniti. **An.** nil fecit novi.   475
Ge. tum Phormio itidem in hac re ut in aliis strenuom hominem
praebuit.
An. quid is fecit? **Ge.** confutavit verbis admodum iratum senem.
An. eu Phormio! **Ge.** ego quod potui porro. **An.** mi Geta, omnis vos
amo.
Ge. sic habent principia sese ut dico: adhuc tranquilla res est,
mansurusque patruom pater est dum huc adveniat. **An.** quid eum? **Ge.**
ut aibat,   480
de ei(u)s consilio sese velle facere quod ad hanc rem attinet.
An. quantum metus est mihi videre huc salvom nunc patruom, Geta!
nam per eius unam, ut audio, aut vivam aut moriar sententiam.
Ge. Phaedria tibi adest. **An.** ubinam? **Ge.** eccum ab s<ua> palaestra
exit foras.

Phaedria Dorio Antipho Geta

               Ph. Dorio,   485
audi obsecro . . **Do.** non audio. **Ph.** parumper . . **Do.** quin omitte me.
Ph. audi quod dicam. **Do.** at enim taedet iam audire eadem miliens.
Ph. at nunc dicam quod lubenter audias. **Do.** loquere, audio.
Ph. non queo te exorare ut maneas triduom hoc? quo nunc abis?
Do. mirabar si tu mihi quicquam adferres novi. **An.** ei,   490
metuo lenonem nequid . . **Ge.** suo suat capiti. idem ego vereor.
Ph. nondum mihi credis? **Do.** hariolare. **Ph.** sin fidem do? **Do.** fabulae!
Ph. feneratum istuc beneficium pulchre tibi dices. **Do.** logi!
Ph. crede mi, gaudebi' facto: verum hercle hoc est. **Do.** somnium!
Ph. experire: non est longum. **Do.** cantilenam <ea>ndem canis.495
Ph. tu mihi cognatu', tu parens, tu amicu', tu . . **Do.** garri modo.
Ph. adeon ingenio esse duro te atque inexorabili
ut neque misericordia neque precibu' molliri queas!
Do. adeon te esse incogitantem atque inpudentem, Phaedria,
me ut phaleratis ducas dictis et meam ductes gratiis!   500
An. miseritumst. **Ph.** ei, veris vincor! **Ge.** quam uterquest similis sui!
Ph. neque Antipho alia quom occupatus esset sollicitudine,
tum hoc esse mihi obiectum malum! **An.** ah quid istuc est autem,
Phaedria?
Ph. o fortunatissime Antipho. **An.** egone? **Ph.** quoi quod amas domist.

neque cum huiu' modi umquam [tibi] usu' venit ut conflictares
malo.   505
An. mihin domist? immo, id quod aiunt, auribu' teneo lupum;
nam neque quo pacto a me amittam neque uti retineam scio.
Do. ipsum istuc mihi in hoc est. **An.** heia ne parum leno sies.
numquid hic confecit? **Ph.** hicine? quod homo inhumanissimus,
Pamphilam m<ea>m vendidit. **An.** quid? vendidit? **Ge.** ain?
vendidit?   510
Ph. vendidit. **Do.** quam indignum facinus, ancillam aere emptam suo!
Ph. nequeo exorare ut me maneat et cum illo ut mutet fidem
triduom hoc, dum id quod est promissum ab amicis argentum aufero.
si non tum dedero, unam praeterea horam ne oppertus sies.
Do. optunde. **An.** haud longumst id quod orat: Dorio, exoret sine. 515
idem hoc tibi, quod boni promeritu' fueris, conduplicaverit.
Do. verba istaec sunt. **An.** Pamphilamne hac urbe privari sines?
tum praeterea horunc amorem distrahi poterin pati?
Do. neque ego neque tu. **Ph.** di tibi omnes id quod es dignus duint!
Do. ego te compluris advorsum ingenium m<eu>m mensis tuli   520
pollicitantem et nil ferentem, flentem; nunc contra omnia haec
repperi qui det neque lacrumet: da locum melioribus.
An. certe hercle, ego si sati' commemini, tibi quidem est olim dies,
quam ad dares huic, praestituta. **Ph.** factum. **Do.** num ego istuc nego?
An. iam ea praeteriit? **Do.** non, verum haec ei--antecessit. **An.** non
pudet   525
vanitati'? **Do.** minime, dum ob rem. **Ge.** sterculinum! **Ph.** Dorio,
itane tandem facere oportet? **Do.** sic sum: si placeo, utere.
An. sicin hunc decipis? **Do.** immo enimvero, Antipho, hic me decipit:
nam hic me huiu' modi scibat esse, ego hunc esse aliter credidi:
iste me fefellit, ego isti nihilo sum aliter ac fui.   530
sed utut haec sunt, tamen hoc faciam: cras mane argentum mihi
miles dare se dixit: si mi prior tu attuleri', Phaedria,
mea lege utar, ut potior sit qui prior ad dandumst. vale.
Phaedria Antipho Geta
Ph. Quid faciam? unde ego nunc tam subito huic argentum inveniam
miser,
quoi minu' nihilost? quod, hic si pote fuisset exorarier   535
triduom hoc, promissum fuerat. **An.** itane hunc patiemur, Geta,
fieri miserum, qui me dudum ut dixti adiuerit comiter?
quin, quom opust, beneficium rursum ei experiemur reddere?
Ge. scio equidem hoc esse aequom. **An.** age ergo, solu' servare hunc

potes.
Ge. quid faciam? **An.** invenias argentum. **Ge.** cupio; sed id unde
edoce.   540
An. pater adest hic. **Ge.** scio; sed quid tum? **An.** ah dictum sapienti sat
est.
Ge. itane? **An.** ita. **Ge.** sane hercle pulchre suades: etiam tu hinc abis?
non triumpho, ex nuptiis t<ui>s si nil nanciscor mali,
ni etiamnunc me hui(u)s causa quaerere in malo iubeas crucem?
An. verum hic dicit. **Ph.** quid? ego vobis, Geta, alienu' sum? **Ge.** haud
puto;   545
sed parumne est quod omnibus nunc nobis suscenset senex,
ni instigemus etiam ut nullu' locu' relinquatur preci?
Ph. alius ab oculis m<ei>s illam in ignotum abducet locum? hem
tum igitur, dum licet dumque adsum, loquimini mecum, Antipho,
contemplamini me. **An.** quam ob rem? aut quidnam facturu's?
cedo.   550
Ph. quoquo hinc asportabitur terrarum, certumst persequi
aut perire. **Ge.** di bene vortant quod agas! pedetemptim tamen.
An. vide siquid opi' potes adferre huic. **Ge.** "siquid"? quid? **An.** quaere
obsecro,
nequid plus minusve faxit quod nos post pigeat, Geta.
Ge. quaero.--salvos est, ut opinor; verum enim metuo
malum.   555
An. noli metuere: una tecum bona mala tolerabimus.
Ge. quantum opus est tibi argenti, loquere. **Ph.** solae triginta minae.
Ge. triginta? hui percarast, Phaedria. **Ph.** istaec vero vilis est.
Ge. age age, inventas reddam. **Ph.** o lepidum! **Ge.** aufer te hinc. **Ph.** iam
opust. **Ge.** iam feres:
sed opus est mihi Phormionem ad hanc rem adiutorem dari.   560
Ph. praestost: audacissime oneri' quidvis inpone, ecferet;
solus est homo amico amicus. **Ge.** <ea>mus ergo ad eum ocius.
An. numquid est quod opera mea vobis opu' sit? **Ge.** nil; verum abi
domum
et illam miseram, quam ego nunc intu' scio esse exanimatam metu,
consolare. cessas? **An.** nil est aeque quod faciam lubens.--   565
Ph. qua via istuc facies? **Ge.** dicam in itinere: modo te hinc amove.

ACTVS IV

Demipho Chremes
De. Quid? qua profectu' causa hinc es Lemnum, Chreme,
adduxtin tecum filiam? **Ch.** non. **De.** quid ita non?
Ch. postquam videt me ei(u)s mater esse hic diutius,
simul autem non manebat aetas virginis   570
m\<ea\>m neglegentiam: ipsam cum omni familia
ad me profectam esse aibant. **De.** quid illi tam diu
quaeso igitur commorabare, ubi id audiveras?
Ch. pol me detinuit morbus. **De.** unde? aut qui? **Ch.** rogas?
senectus ipsast morbu'. sed venisse eas   575
salvas audivi ex nauta qui illas vexerat.
De. quid gnato optigerit me absente audistin, Chreme?
Ch. quod quidem me factum consili incertum facit.
nam hanc condicionem siquoi tulero extrario,
quo pacto aut unde mihi sit dicundum ordinest.   580
te mihi fidelem esse aeque atque egomet sum mihi
scibam. ille, si me alienus adfinem volet,
tacebit dum intercedet familiaritas;
sin spreverit me, plus quam opus est scito sciet.
vereorque ne uxor aliqua hoc resciscat mea: 585
quod si fit, ut me excutiam atque egrediar domo
id restat; nam ego meorum solu' sum meus.
De. scio ita esse, et istaec mihi res sollicitudinist,
neque defetiscar usque adeo experirier
donec tibi id quod pollicitus sum effecero.   590

Geta Demipho Chremes
Ge. Ego hominem callidiorem vidi neminem
quam Phormionem. venio ad hominem ut dicerem
argentum opus esse, et id quo pacto fieret.
vixdum dimidium dixeram, intellexerat:
gaudebat, me laudabat, quaerebat senem,   595
dis gratias agebat tempu' sibi dari
ubi Phaedriae esse ostenderet nihilo minus
amicum sese quam Antiphoni. hominem ad forum
iussi opperiri: eo me esse adducturum senem.
sed eccum ipsum. quis est ulterior? attat Phaedriae   600
pater venit. sed quid pertimui autem belua?
an quia quos fallam pro uno duo sunt mihi dati?

commodius esse opinor duplici spe utier.
petam hinc unde a primo institi: is si dat, sat est;
si ab eo nil fiet, tum hunc adoriar hospitem   605

Antipho Geta Chremes Demipho

An. Exspecto quam mox recipiat sese Geta.
sed patruom video cum patre astantem. ei mihi,
quam timeo adventus huiu' quo inpellat patrem.
Ge. adibo hosce: o noster Chreme . . **Ch.** salve, Geta.
Ge. venire salvom volup est. **Ch.** credo. **Ge.** quid agitur?   610
multa advenienti, ut fit, nova hic? **Ch.** compluria.
Ge. ita. de Antiphone audistin quae facta? **Ch.** omnia.
Ge. tun dixeras huic? facinus indignum, Chreme,
sic circumiri! **Ch.** id cum hoc agebam commodum.
Ge. nam hercle ego quoque id quidem agitans mecum sedulo   615
inveni, opinor, remedium huic r<ei>. **Ch.** quid, Geta?
De. quod remedium? **Ge.** ut abii abs te, fit forte obviam
mihi Phormio. **Ch.** qui Phormio? **De.** is qui istanc . . **Ch.** scio.
Ge. visumst mihi ut eiu' temptarem sententiam.
prendo hominem solum: "quor non," inquam "Phormio,   620
vides inter nos sic haec potiu' cum bona
ut componamu' gratia quam cum mala?
eru' liberalis est et fugitans litium;
nam ceteri quidem hercle amici omnes modo
uno ore auctores f<ue>re ut praecipitem hanc daret."   625
An. quid hic coeptat aut quo evadet hodie? **Ge.** "an legibus
daturum poenas dices si illam eiecerit?
iam id exploratumst: heia sudabis satis
si cum illo inceptas homine: ea eloquentiast.
verum pone esse victum eum; at tandem tamen   630
non capitis ei(u)s res agitur sed pecuniae."
postquam hominem his verbis sentio mollirier,
"soli sumu' nunc hic" inquam: "eho [dic] quid vis dari
tibi in manum, ut erus his desistat litibus,
haec hinc facessat, tu molestu' ne sies?"   635
An. satin illi di sunt propitii? **Ge.** "nam sat scio,
si tu aliquam partem aequi bonique dixeris,
ut est ille bonu' vir, tria non commutabitis
verba hodie inter vos." **De.** quis te istaec iussit loqui?
Ch. immo non potuit meliu' pervenirier   640
eo quo nos volumus. **An.** occidi! **De.** perge eloqui.

Ge. a primo homo insanibat. **Ch.** cedo quid postulat?
Ge. quid? nimium; quantum libuit. **Ch.** dic. **Ge.** si quis daret
talentum magnum. **De.** immo malum hercle: ut nil pudet!
Ge. quod dixi adeo ei: "quaeso, quid si filiam   645
suam unicam locaret? parvi retulit
non suscepisse: inventast quae dotem petat."
ut ad pauca redeam ac mittam illi(u)s ineptias,
haec denique eiu' f<ui>t postrema oratio:
"ego" inquit "[iam] a principio amici filiam,   650
ita ut aequom fuerat, volui uxorem ducere;
nam mihi veniebat in mentem ei(u)s incommodum,
in servitutem pauperem ad ditem dari.
sed mi opus erat, ut aperte tibi nunc fabuler,
aliquantulum quae adferret qui dissolverem   655
quae debeo: et etiamnunc si volt Demipho
dare quantum ab hac accipio quae sponsast mihi,
nullam mihi malim quam istanc uxorem dari."
An. utrum stultitia facere ego hunc an malitia
dicam, scientem an inprudentem, incertu' sum.   660
De. quid si animam debet? **Ge.** "ager oppositust pignori ob
decem minas" inquit. **De.** age age, iam ducat: dabo.
Ge. "aediculae item sunt ob decem alias." **De.** oiei
nimiumst. **Ch.** ne clama: <re>petito hasce a me decem.
Ge. "uxori emunda ancillulast; tum pluscula   665
supellectile opus est; opus est sumptu ad nuptias:
his rebu' pone sane" inquit "decem minas."
De. sescentas perinde scribito iam mihi dicas:
nil do. inpuratu' me ille ut etiam inrideat?
Ch. quaeso, ego dabo, quiesce: tu modo filium   670
fac ut illam ducat nos quam volumus. **An.** ei mihi
Geta, occidisti me tuis fallaciis.
Ch. mea causa eicitur: me hoc est aequom amittere.
Ge. "quantum potest me certiorem" inquit "face,
si illam dant, hanc ut mittam, ne incertus siem;   675
nam illi mihi dotem iam constituerunt dare."
Ch. iam accipiat: illis repudium renuntiet;
hanc ducat. **De.** quae quidem illi res vortat male!
Ch. opportune adeo argentum nunc mecum attuli,
fructum quem Lemni uxori' reddunt praedia: 680
ind' sumam; uxori tibi opus esse dixero.

Antipho Geta

An. Geta. **Ge.** hem. **An.** quid egisti? **Ge.** emunxi argento senes.
An. satin est id? **Ge.** nescio hercle: tantum iussu' sum.
An. eho, verbero, aliud mihi respondes ac rogo?
Ge. quid ergo narras? **An.** quid ego narrem? opera tua   685
ad restim miquidem res redit planissume.
ut tequidem omnes di d<eae>que--superi inferi--
malis exemplis perdant! em siquid velis,
huic mandes, quod quidem recte curatum velis.
quid minus utibile f<ui>t quam hoc ulcus tangere   690
aut nominare uxorem? iniectast spes patri
posse illam extrudi. cedo nunc porro: Phormio
dotem si accipiet, uxor ducendast domum:
quid fiet? **Ge.** non enim ducet. **An.** novi. ceterum
quom argentum repetent, nostra causa scilicet   695
in nervom potius ibit. **Ge.** nil est, Antipho,
quin male narrando possit depravarier:
tu id quod bonist excerpi', dici' quod malist.
audi nunc contra: iam si argentum acceperit,
ducendast uxor, ut ais, concedo tibi: 700
spatium quidem tandem apparandi nuptias,
vocandi sacruficandi dabitur paullulum.
interea amici quod polliciti sunt dabunt:
inde iste reddet. **An.** quam ob rem? aut quid dicet? **Ge.** rogas?
"quot res postilla monstra evenerunt mihi!   705
intro iit in aedis ater alienus canis;
anguis per inpluvium decidit de tegulis;
gallina cecinit; interdixit hariolus;
haruspex vetuit; ante brumam autem novi
negoti incipere!" quae causast iustissima.   710
haec fient. **An.** ut modo fiant! **Ge.** fient: me vide.
pater exit: abi, dic esse argentum Phaedriae.

Demipho Chremes Geta

De. Quietus esto, inquam: ego curabo nequid verborum duit.
hoc temere numquam amittam ego a me quin mihi testis adhibeam.
quom dem, et quam ob rem dem commemorabo. **Ge.** ut cautust ubi nil
opust!   715
Ch. atque ita opu' factost: et matura, dum lubido eadem haec manet;
nam si altera illaec magis instabit, fors sit an nos reiciat.
Ge. rem ipsam putasti. **De.** duc me ad eum ergo. **Ge.** non moror. **Ch.**

ubi hoc egeris,
transito ad uxorem meam, ut conveniat hanc priu' quam hinc abit.
dicat <ea>m dare nos Phormioni nuptum, ne suscenseat;   720
et magis esse illum idoneum qui ipsi sit familiarior;
nos nostro officio nil digressos esse: quantum is voluerit,
datum esse doti'. **De.** quid tua, malum, id refert? **Ch.** magni, Demipho.
non sat[is] est t<uo>m te officium fecisse si non id fama adprobat:
volo ipsiu' quoque voluntate haec fieri, ne se eiectam praedicet.   725
De. idem ego istuc facere possum. **Ch.** mulier mulieri mage convenit.
De. rogabo. **Ch.** ubi illas nunc ego reperire possim cogito.

ACTVS V

Sophrona Chremes
So. quid agam? quem mi amicum inveniam misera? aut quoi consilia
haec referam?
aut unde auxilium petam?
nam vereor era ne ob meum suasum indigne iniuria adficiatur: 730
ita patrem adulescenti' facta haec tolerare audio violenter.
Ch. nam quae haec anus est exanimata a fratre quae egressast meo?
So. quod ut facerem egestas me inpulit, quom scirem infirmas nuptias
hasce esse, ut id consulerem, interea vita ut in tuto foret.
Ch. certe edepol, nisi me animu' fallit aut parum prospiciunt
oculi,   735
m<eae> nutricem gnatae video. **So.** neque ille investigatur, **Ch.** quid
ago?
So. qui est pater eius. **Ch.** adeo, maneo dum haec quae loquitur mage
cognosco?
So. quodsi <eu>m nunc reperire possim, nil est quod verear. **Ch.** east
ipsa:
conloquar. **So.** quis hic loquitur? **Ch.** Sophrona. **So.** et m<eu>m nomen
nominat?
Ch. respice ad me. **So.** di obsecro vos, estne hic Stilpo? **Ch.** non. **So.**
negas?   740
Ch. concede hinc a foribu' paullum istorsum sodes, Sophrona.
ne me istoc posthac nomine appellassis. **So.** quid? non obsecro es
quem semper te esse dictitasti? **Ch.** st. **So.** quid has metuis fores?
Ch. conclusam hic habeo uxorem saevam. verum istoc de nomine,
eo perperam olim dixi ne vos forte inprudentes foris   745
effuttiretis atque id porro aliqua uxor mea resciceret.

So. em istoc pol nos te hic invenire miserae numquam potuimus.
Ch. eho dic mihi quid r<ei> tibist cum familia hac unde exis?
ubi illae sunt? **So.** miseram me! **Ch.** hem quid est? vivontne? **So.** vivit
gnata.
matrem ipsam ex aegritudine hac miseram mors consecutast.   750
Ch. male factum. **So.** ego autem, quae essem anus deserta egens
ignota,
ut potui nuptum virginem locavi huic adulescenti
harum qui est dominus aedium. **Ch.** Antiphonin? **So.** em isti<c> ipsi.
Ch. quid? duasne uxores habet? **So.** au obsecro, unam illequidem hanc
solam.
Ch. quid illam alteram quae dicitur cognata? **So.** haec ergost. **Ch.** quid
ais?   755
So. composito factumst quo modo hanc amans habere posset
sine dote. **Ch.** di vostram fidem, quam saepe forte temere
eveniunt quae non audeas optare! offendi adveniens
quicum volebam et ut volebam conlocatam amari:
quod nos ambo opere maxumo dabamus operam ut fieret,   760
sine nostra cura, maxuma sua cura solu' fecit.
So. nunc quid opu' facto sit vide: pater adulescenti' venit
<eu>mque animo iniquo hoc oppido ferre aiunt. **Ch.** nil periclist.
sed per d<eo>s atque homines meam esse hanc cave resciscat
quisquam.
So. nemo e me scibit. **Ch.** sequere me: intus cetera. [audies].   765
Demipho Geta
De. Nostrapte culpa facimus ut malis expediat esse,
dum nimium dici nos bonos studemus et benignos.
ita fugias ne praeter casam, quod aiunt. nonne id sat erat,
accipere ab illo iniuriam? etiam argentumst ultro obiectum,
ut sit qui vivat dum aliud aliquid flagiti conficiat.   770
Ge. planissime. **De.** is nunc praemiumst qui recta prava faciunt.
Ge. verissime. **De.** ut stultissime quidem illi rem gesserimus.
Ge. modo ut hoc consilio possiet discedi, ut istam ducat.
De. etiamne id dubiumst? **Ge.** haud scio hercle, ut homost, an mutet
animum.
De. hem mutet autem? **Ge.** nescio; verum, si forte, dico.   775
De. ita faciam, ut frater censuit, ut uxorem ei(u)s huc adducam,
cum ista ut loquatur. tu, Geta, abi prae, nuntia hanc venturam.--
Ge. argentum inventumst Phaedriae; de iurgio siletur;
provisumst ne in praesentia haec hinc abeat: quid nunc porro?

quid fiet? in eodem luto haesitas; vorsuram solves, 780
Geta: praesens quod fuerat malum in diem abiit: plagae crescunt,
nisi prospicis. nunc hinc domum ibo ac Phanium edocebo
nequid vereatur Phormionem aut ei(u)s orationem.

Demipho Navsistrata

De. Agedum, ut soles, Nausistrata, fac illa ut placetur nobis,
ut sua voluntate id quod est faciundum faciat. **Na.** faciam. 785
De. pariter nunc opera me adiuves ac re dudum opitulata es.
Na. factum volo. ac pol minu' queo viri culpa quam me dignumst.
De. quid autem? **Na.** quia pol m<ei> patris bene parta indiligenter
tutatur; nam ex is praediis talenta argenti bina
statim capiebat: vir viro quid praestat! **De.** bina quaeso? 790
Na. ac rebu' vilioribus multo tamen duo talenta. **De.** hui.
Na. quid haec videntur? **De.** scilicet. **Na.** virum me natam vellem:
ego ostenderem, **De.** certo scio. **Na.** quo pacto .. **De.** parce sodes,
ut possis cum illa, ne te adulescens mulier defetiget.
Na. faciam ut iubes. sed m<eu>m virum ex te exire video.

Navsistrata Chremes Demipho

Ch. Ehem Demipho, 795
iam illi datumst argentum? **De.** curavi ilico. **Ch.** nollem datum.
ei, video uxorem: paene plus quam sat erat. **De.** quor nolles, Chreme?
Ch. iam recte. **De.** quid tu? ecquid locutu's cum istac quam ob rem
hanc ducimus?
Ch. transegi. **De.** quid ait tandem? **Ch.** abduci non potest. **De.** qui non
potest?
Ch. quia uterque utrique est cordi. **De.** quid istuc nostra? **Ch.** magni.
praeterhac 800
cognatam comperi esse nobis. **De.** quid? deliras. **Ch.** sic erit.
non temere dico: redii mecum in memoriam. **De.** satin sanus es?
Na. au obsecro, vide ne in cognatam pecces. **De.** non est. **Ch.** ne nega:
patri' nomen aliud dictum est: hoc tu errasti. **De.** non norat patrem?
Ch. norat. **De.** quor aliud dixit? **Ch.** numquamne hodie concedes
mihi 805
neque intelleges? **De.** si tu nil narras? **Ch.** perdi'. **Na.** miror quid hoc
siet.
De. equidem hercle nescio. **Ch.** vin scire? at ita me servet Iuppiter,
ut propior illi quam ego sum ac tu homo nemost. **De.** di vostram
fidem,
eamus ad ipsam: una omnis nos aut scire aut nescire hoc volo. **Ch.** ah.
De. quid est? **Ch.** itan parvam mihi fidem esse apud te? **De.** vin me

credere? 810
vin sati' quaesitum mi istuc esse? age, fiat. quid illa filia
amici nostri? quid futurumst? **Ch.** recte. **De.** hanc igitur mittimus?
Ch. quidni? **De.** illa maneat? **Ch.** sic. **De.** ire igitur tibi licet,
Nausistrata.
Na. sic pol commodius esse in omnis arbitror quam ut coeperas,
manere hanc; nam perliberali' visast, quom vidi, mihi.-- 815
De. quid istuc negotist? **Ch.** iamne operuit ostium? **De.** iam. **Ch.** o
Iuppiter,
di nos respiciunt: gnatam inveni nuptam cum t<uo> filio. **De.** hem
quo pacto potuit? **Ch.** non sati' tutus est ad narrandum hic locus.
De. at tu intro abi. **Ch.** heus ne filii quidem hoc nostri resciscant volo.
Antipho
Laetus sum, utut meae res sese habent, fratri optigisse quod volt. 820
quam scitumst ei(u)s modi in animo parare cupiditates
quas, quom res advorsae sient, paullo mederi possis!
hic simul argentum repperit, cura sese expedivit;
ego nullo possum remedio me evolvere ex his turbis
quin, si hoc celetur, in metu, sin patefit, in probro sim. 825
neque me domum nunc reciperem ni mi esset spes ostenta
huiusce habendae. sed ubinam Getam invenire possim, ut
rogem quod tempu' conveniundi patri' me capere iubeat?
Phormio Antipho
Ph. Argentum accepi, tradidi lenoni, abduxi mulierem,
curavi propria ut Phaedria poteretur; nam emissast manu. 830
nunc una mihi res etiam restat quae est conficiunda, otium
ab senibus ad potandum ut habeam; nam aliquot hos sumam dies.
An. sed Phormiost. quid ais? **Ph.** quid? **An.** quidnam nunc facturust
Phaedria?
quo pacto satietatem amoris <ai>t se velle absumere?
Ph. vicissim partis tuas acturus est. **An.** quas? **Ph.** ut fugitet
patrem. 835
te suas rogavit rursum ut ageres, causam ut pro se diceres;
nam potaturus est apud me. ego me ire senibus Sunium
dicam ad mercatum, ancillulam emptum dudum quam dixit Geta:
ne quom hic non videant me conficere credant argentum suom.
sed ostium concrepuit abs te. **An.** vide quis egreditur. **Ph.**
Getast 840
Geta Antipho Phormio
Ge. O Fortuna, o Fors Fortuna, quantis commoditatibus,

quam subito meo ero Antiphoni ope vostra hunc onerastis diem!
An. quidnam hic sibi volt? **Ge.** nosque amicos ei(u)s exonerastis metu!
sed ego nunc mihi cesso qui non umerum hunc onero pallio
atque hominem propero invenire, ut haec quae contigerint sciat. 845
An. num tu intellegi' quid hic narret? **Ph.** num tu? **An.** nil. **Ph.**
tantundem ego.
Ge. ad lenonem hinc ire pergam: ibi nunc sunt. **An.** heus Geta! **Ge.** em
tibi:
num mirum aut novomst revocari, cursum quom institeris? **An.** Geta.
Ge. pergit hercle. numquam tu odio t<uo> me vinces. **An.** non manes?
Ge. vapula. **An.** id quidem tibi iam fiet nisi resisti'. verbero. 850
Ge. familiariorem oportet esse hunc: minitatur malum.
sed isne est quem quaero an non? ipsust, congredere actutum. An.
quid est?
Ge. [o] omnium quantumst qui vivont hominum homo ornatissime!
nam sine controvorsia ab dis solu' diligere, Antipho.
An. ita velim; sed qui istuc credam ita esse mihi dici velim.   855
Ge. satine est si te delibutum gaudio reddo? **An.** enicas.
Ph. quin tu hinc pollicitationes aufer et quod fers cedo. **Ge.** oh
tu quoque aderas, Phormio? **Ph.** aderam. sed tu cessas. **Ge.** accipe, em:
ut modo argentum tibi dedimus apud forum, recta domum
sumu' profecti; interea mittit eru' me ad uxorem tuam.   860
An. quam ob rem? **Ge.** omitto proloqui; nam nil ad hanc rem est,
Antipho.
ubi in gynaeceum ire occipio, puer ad me adcurrit Mida,
pone reprendit pallio, resupinat: respicio, rogo
quam ob rem retineat me: ait esse vetitum intro ad eram accedere.
"Sophrona modo fratrem huc" inquit "senis introduxit Chremem" 865
<eu>mque nunc esse intu' cum illis. hoc ubi ego audivi, ad fores
suspenso gradu placide ire perrexi accessi astiti,
animam compressi, aurem admovi: ita animum coepi attendere,
hoc modo sermonem captans. **Ph.** eu Geta! **Ge.** hic pulcherrimum
facinus audivi: itaque paene hercle exclamavi gaudio.   870
An. quod? **Ge.** quodnam arbitrare? **An.** nescio. **Ge.** atqui
mirificissimum:
patruo' tuos est pater inventu' Phanio uxori tuae. **An.** hem
quid ais? **Ge.** cum ei(u)s consuevit olim matre in Lemno clanculum.
Ph. somnium! utine haec ignoraret suom patrem? **Ge.** aliquid credito,
Phormio, esse causae. sed censen me potuisse omnia   875
intellegere extra ostium intu' quae inter sese ipsi egerint?

An. atque ego quoque inaudivi illam fabulam. **Ge.** immo etiam dabo
quo mage credas: patruos interea inde huc egreditur foras:
haud multo post cum patre idem recipit se intro denuo:
ait uterque tibi potestatem eius adhibendae dari.   880
denique ego sum missu' te ut requirerem atque adducerem. **An.** em
quin ergo rape me: quid cessas? **Ge.** fecero. **An.** heus Phormio,
vale. **Ph.** vale, Antipho. bene, ita me di ament, factum: gaudeo.
Phormio
Tantam fortunam de inproviso esse his datam!
summa eludendi occasiost mihi nunc senes   885
et Phaedriae curam adimere argentariam,
ne quoiquam s<uo>rum aequalium supplex siet.
nam idem hoc argentum, ita ut datumst, ingratiis
<ei> datum erit: hoc qui cogam re ipsa repperi.
nunc gestu' mihi voltusque est capiundus novos.   890
sed hinc concedam in angiportum hoc proxumum,
inde hisce ostendam me, ubi erunt egressi foras.
quo me adsimularam ire ad mercatum, non eo.
              Demipho Chremes Phormio
De. Dis magnas merito gratias habeo atque ago
quando evenere haec nobis, frater, prospere.   895
quantum potest nunc conveniundust Phormio,
priu' quam dilapidat nostras triginta minas
ut auferamu'. **Ph.** Demiphonem si domist
visam ut quod .. **De.** at nos ad te ibamu', Phormio.
Ph. de <ea>dem hac fortasse causa? **De.** ita hercle. **Ph.**
credidi: 900
quid ad me ibati'? **De.** ridiculum. **Ph.** verebamini
ne non id facerem quod recepissem semel?
heus quanta quanta haec mea paupertas est, tamen
adhuc curavi unum hoc quidem, ut mi esset fides.
Ch. estne ita ut<i> dixi liberalis? **De.** oppido.   905
Ph. idque ad vos venio nuntiatum, Demipho,
paratum me esse: ubi voltis, uxorem date.
nam omnis posthabui mihi res, ita uti par fuit,
postquam id tanto opere vos velle animum advorteram.
De. at hic dehortatus est me ne illam tibi darem: 910
"nam qui erit rumor populi" inquit "si id feceris?
olim quom honeste potuit, tum non est data:
<ea>m nunc extrudi turpest." ferme eadem omnia

quae tute dudum coram me incusaveras.
Ph. satis superbe inluditis me. **De.** qui? **Ph.** rogas?   915
quia ne alteram quidem illam potero ducere;
nam quo redibo ore ad eam quam contempserim?
Ch. ("tum autem Antiphonem video ab sese amittere
invitum eam" inque.) **De.** tum autem video filium
invitum sane mulierem ab se amittere.   920
sed transi sodes ad forum atque illud mihi
argentum rursum iube rescribi, Phormio.
Ph. quodne ego discripsi porro illis quibu' debui?
De. quid igitur fiet? **Ph.** si vis mi uxorem dare
quam despondisti, ducam; sin est ut velis   925
manere illam apud te, dos hic maneat, Demipho.
nam non est aequom me propter vos decipi,
quom ego vostri honori' causa repudium alterae
remiserim, quae doti' tantundem dabat.
De. in' hinc malam rem cum istac magnificentia,   930
fugitive? etiamnunc credi' te ignorarier
aut tua facta adeo? **Ph.** irritor. **De.** tune hanc duceres
si tibi daretur? **Ph.** fac periclum. **De.** ut filius
cum illa habitet apud te, hoc vostrum consilium fuit.
Ph. quaeso quid narras? **De.** quin tu mi argentum cedo.   935
Ph. immo vero uxorem tu cedo. **De.** in ius ambula.
[in ius] **Ph.** enimvero si porro esse odiosi pergitis . .
De. quid facies? **Ph.** egone? vos me indotatis modo
patrocinari fortasse arbitramini:
etiam dotatis soleo. **Ch.** quid id nostra? **Ph.** nihil.   940
hic quandam noram quoi(u)s vir uxorem **Ch.** hem. **De.** quid est?
Ph. Lemni habuit aliam, **Ch.** nullu' sum. **Ph.** ex qua filiam
suscepit; et eam clam educat. **Ch.** sepultu' sum.
Ph. haec adeo ego illi iam denarrabo. **Ch.** obsecro,
ne facias. **Ph.** oh tune is eras? **De.** ut ludos facit!   945
Ch. missum te facimu'. **Ph.** fabulae! **Ch.** quid vis tibi?
argentum quod habes condonamu' te. **Ph.** audio.
quid vos, malum, ergo me sic ludificamini
inepti vostra puerili sententia?
nolo volo; volo nolo rursum; cape cedo;   950
quod dictum indictumst; quod modo erat ratum inritumst.
Ch. quo pacto aut unde hic haec rescivit? **De.** nescio;
nisi me dixisse nemini certo scio.

Ch. monstri, ita me di ament, simile. **Ph.** inieci scrupulum. **De.** hem
hicine ut a nobis hoc tantum argenti auferat   955
tam aperte inridens? emori hercle satius est.
animo virili praesentique ut sis para.
vides peccatum tuom esse elatum foras
neque iam id celare posse te uxorem tuam:
nunc quod ipsa ex aliis auditura sit, Chreme,   960
id nosmet indicare placabilius est.
tum hunc inpuratum poterimus nostro modo
ulcisci. **Ph.** attat nisi mi prospicio, haereo.
hi gladiatorio animo ad me adfectant viam.
Ch. at vereor ut placari possit. **De.** bono animo es: 965
ego redigam vos in gratiam, hoc fretus, Chreme,
quom e medio excessit unde haec susceptast tibi.
Ph. itan agiti' mecum? satis astute adgredimini.
non hercle ex re isti(u)s me instigasti, Demipho.
ain tu? ubi quae lubitum fuerit peregre feceris   970
neque hui(u)s sis veritu' feminae primariae
quin novo modo ei faceres contumeliam,
venias nunc precibu' lautum peccatum tuom?
hisce ego illam dictis ita tibi incensam dabo
ut ne restinguas lacrumis si exstillaveris.   975
De. malum quod isti di deaeque omnes duint!
tantane adfectum quemquam esse hominem audacia!
non hoc publicitu' scelus hinc asportarier
in solas terras! **Ch.** in id redactu' sum loci
ut quid agam cum illo nesciam prorsum. **De.** ego scio: 980
in ius eamus. **Ph.** in ius? huc, siquid lubet.
Ch. adsequere, retine dum ego huc servos evoco.
De. enim nequeo solus: accurre. **Ph.** una iniuriast
tecum. **De.** lege agito ergo. **Ph.** alterast tecum, Chreme.
Ch. rape hunc. **Ph.** sic agitis? enimvero vocest opus: 985
Nausistrata, exi! **Ch.** os opprime inpurum: vide
quantum valet. **Ph.** Nausistrata! inquam. **De.** non taces?
Ph. taceam? **De.** nisi sequitur, pugnos in ventrem ingere.
Ph. vel oculum exclude: est ubi vos ulciscar probe.

Navsistrata Chremes Demipho
Phormio

Na. Qui nominat me? hem quid istuc turbaest, obsecro,   990
mi vir? **Ph.** ehem quid nunc obstipuisti? **Na.** quis hic homost?

non mihi respondes? **Ph.** hicine ut tibi respondeat,
qui hercle ubi sit nescit? **Ch.** cave isti quicquam cred<u>as.
Ph. abi, tange: si non totu' friget, me enica.
Ch. nil est. **Na.** quid ergo? quid istic narrat? **Ph.** iam scies: 995
ausculta. **Ch.** pergin credere? **Na.** quid ego obsecro
huic credam, qui nil dixit? **Ph.** delirat miser
timore. **Na.** non pol temerest quod tu tam times.
Ch. egon timeo? **Ph.** recte sane: quando nil times.
et hoc nil est quod ego dico, tu narra. **De.** scelus,   1000
tibi narret? **Ph.** ohe tu, factumst abs te sedulo
pro fratre. **Na.** mi vir, non mihi narras. **Ch.** at .. **Na.** quid "at"?
Ch. non opus est dicto. **Ph.** tibi quidem; at scito huic opust.
in Lemno **De.** hem quid ais? **Ch.** non taces? **Ph.** clam te **Ch.** ei mihi!
Ph. uxorem duxit. **Na.** mi homo, di melius duint!   1005
Ph. sic factumst. **Na.** perii misera! **Ph.** et inde filiam
suscepit iam unam, dum tu dormis. **Ch.** quid agimus?
Na. pro di inmortales, facinu' miserandum et malum!
Ph. hoc actumst. **Na.** an quicquam hodiest factum indignius?
qui mi, ubi ad uxores ventumst, tum fiunt senes!   1010
Demipho, te appello: nam cum hoc ipso distaedet loqui:
haecin erant itiones crebrae et mansiones diutinae
Lemni? haecin erat ea quae nostros minuit fructus vilitas?
De. ego, Nausistrata, esse in hac re culpam meritum non nego;
sed ea qui sit ignoscenda. **Ph.** verba fiunt mortuo.   1015
De. nam neque neglegentia tua neque odio id fecit tuo.
vinolentu' fere abhinc annos quindecim mulierculam
<ea>m compressit unde haec natast; neque postilla umquam attigit.
ea mortem obiit, e medio abiit qui fuit in re hac scrupulus.
quam ob rem te oro, ut alia facta tua sunt, aequo animo hoc feras. 1020
Na. quid ego aequo animo? cupio misera in hac re iam defungier;
sed quid sperem? aetate porro minu' peccaturum putem?
iam tum erat senex, senectus si verecundos facit.
an mea forma atque aetas nunc magis expetendast, Demipho?
quid mi hic adfers quam ob rem exspectem aut sperem porro non
fore?   1025
Ph. exsequias Chremeti quibus est commodum ire, em tempus est.
sic dabo: age nunc, Phormionem qui volet lacessito:
"faxo tali sum mactatum atque hic est infortunio."
redeat sane in gratiam iam: supplici satis est mihi.
habet haec ei quod, dum vivat, usque ad aurem ogganniat.   1030

Na. at meo merito credo. quid ego nunc commemorem, Demipho, singulatim qualis ego in hunc fuerim? **De.** novi aeque omnia tecum. **Na.** merito[n] hoc meo videtur factum? **De.** minime gentium. verum iam, quando accusando fieri infectum non potest, ignosce: orat confitetur purgat: quid vis amplius?   1035
Ph. enimvero priu' quam haec dat veniam, mihi prospiciam et Phaedriae.
heus Nausistrata, priu' quam huic respondes temere, audi. **Na.** quid est?
Ph. ego minas triginta per fallaciam ab illoc abstuli:
<ea>s dedi t<uo> gnato: is pro sua amica lenoni dedit.
Ch. hem quid ais? **Na.** adeo hoc indignum tibi videtur, filius 1040
homo adulescens si habet unam amicam, tu uxores duas?
nil pudere! quo ore illum obiurgabi'? responde mihi.
De. faciet ut voles. **Na.** immo ut meam iam scias sententiam,
neque ego ignosco neque promitto quicquam neque respondeo
priu' quam gnatum videro: ei(u)s iudicio permitto omnia: 1045
quod is iubebit faciam. **Ph.** mulier sapiens es, Nausistrata.
Na. sati' tibi<n> est? **Ph.** immo vero pulchre discedo et probe
et praeter spem. **Na.** tu t<uo>m nomen dic quid est. **Ph.** mihin?
Phormio
vostrae familiae hercle amicus et tuo summu' Phaedriae.
Na. Phormio, at ego ecastor posthac tibi quod potero, quae voles   1050
faciamque et dicam. **Ph.** benigne dici'. **Na.** pol meritumst tuom.
Ph. vin primum hodie facere quod ego gaudeam, Nausistrata,
et quod t<uo> viro oculi doleant? **Na.** cupio. **Ph.** me ad cenam voca.
Na. pol vero voco. **De.** <ea>mus intro hinc. **Na.** fiat. sed ubist Phaedria
iudex noster? **Ph.** iam hic faxo aderit. **Cantor.** vos valete et plaudite!

HEAVTON TIMORVMENOS

DIDASCALIA
INCIPIT HEAVTON TIMORVMENOS TERENTI
ACTA LVDIS MEGALENSIBVS
L. CORNELIO LENTVLO L. VALERIO FLACCO AEDILIBVS CVRVLIBVS
EGERE L. AMBIVIVS TVRPIO L. ATILIVS PRAENESTINVS
MODOS FECIT FLACCVS CLAVDI
ACTA I TIBIIS INPARIBVS DEINDE DVABUS DEXTRIS
GRAECA EST MENANDRV
FACTAST III M' IVVENTIO TI. SEMPRONIO COS.

PERSONAE
(PROLOGVS)
CHREMES SENEX
MENEDEMVS SENEX
CLITIPHO ADVLESCENS
CLINIA ADVLESCENS
SYRVS SERVOS
DROMO SERVOS
BACCHIS MERETRIX
ANTIPHILA VIRGO
SOSTRATA MATRONA
(CANTHARA) NVTRIX
PHRYGIA ANCILLA
(CANTOR)
PERIOCHA
C. SVLPICI APOLLINARIS

In militiam proficisci gnatum Cliniam
amantem Antiphilam conpulit durus pater
animique sese angebat facti paenitens.
mox ut reversust, clam patrem devortitur
ad Clitiphonem. is amabat scortum Bacchidem.
cum accerseret cupitam Antiphilam Clinia,

ut eius Bacchis venit amica ac servolae
habitum gerens Antiphila: factum id quo patrem
suum celaret Clitipho. hic technis Syri
decem minas meretriculae aufert a sene.
Antiphila Clitiphonis reperitur soror:
hanc Clinia, aliam Clitipho uxorem accipit.

PROLOGVS

Nequoi sit vostrum mirum quor partis seni
poeta dederit quae sunt adulescentium,
id primum dicam, deinde quod veni eloquar.
ex integra Graeca integram comoediam
hodie sum acturus H[e]auton timorumenon, 5
duplex quae ex argumento facta est simplici.
novam esse ostendi et quae esset: nunc qui scripserit
et quoia Graeca sit, ni partem maxumam
existumarem scire vostrum, id dicerem.
nunc quam ob rem has partis didicerim paucis dabo. 10
oratorem esse voluit me, non prologum:
vostrum iudicium fecit; me actorem dedit.
sed hic actor tantum poterit a facundia
quantum ille potuit cogitare commode
qui orationem hanc scripsit quam dicturu' sum? 15
nam quod rumores distulerunt malevoli
multas contaminasse Graecas, dum facit
paucas Latinas: factum id esse hic non negat
neque se pigere et deinde facturum autumat.
habet bonorum exemplum quo exemplo sibi 20
licere [id] facere quod illi fecerunt putat.
tum quod malevolu' vetu' poeta dictitat
repente ad studium hunc se adplicasse musicum,
amicum ingenio fretum, haud natura sua:
arbitrium vostrum, vostra existumatio 25
valebit. quare omnis vos oratos volo,
ne plus iniquom possit quam aequom oratio.
facite aequi siti', date crescendi copiam
novarum qui spectandi faciunt copiam
sine vitiis. ne ille pro se dictum existumet 30
qui nuper fecit servo currenti in via
decesse populum: quor insano serviat?

de illi(u)s peccatis plura dicet quom dabit
alias novas, nisi finem maledictis facit.
adeste aequo animo, date potestatem mihi   35
statariam agere ut liceat per silentium,
ne semper servo' currens, iratus senex,
edax parasitu', sycophanta autem inpudens,
avaru' leno adsidue agendi sint seni
clamore summo, cum labore maxumo.   40
mea causa causam hanc iustam esse animum inducite,
ut aliqua pars labori' minuatur mihi.
nam nunc novas qui scribunt nil parcunt seni:
siquae laboriosast, ad me curritur;
si lenis est, ad alium defertur gregem.   45
in hac est pura oratio. experimini
in utramque partem ingenium quid possit meum.
[si numquam avare pretium statui arti meae
et eum esse quaestum in animum induxi maxumum,
quam maxume servire vostris commodis:]   50
exemplum statuite in me, ut adulescentuli
vobis placere studeant potiu' quam sibi.

ACTVS I

Chremes Menedemvs
I.i
CH. Quamquam haec inter nos nuper notitia admodumst
(inde adeo quod agrum in proxumo hic mercatus es)
nec rei fere sane amplius quicquam fuit,   55
tamen vel virtus tua me vel vicinitas,
quod ego in propinqua parte amicitiae puto,
facit ut te audacter moneam et familiariter
quod mihi videre praeter aetatem tuam
facere et praeter quam res te adhortatur tua.   60
nam pro deum atque hominum fidem quid vis tibi aut
quid quaeris? annos sexaginta natus es
aut plus eo, ut conicio; agrum in his regionibus
meliorem neque preti maiori' nemo habet;
servos compluris: proinde quasi nemo siet,   65
ita attente tute illorum officia fungere.
numquam tam mane egredior neque tam vesperi

domum revortor quin te in fundo conspicer
fodere aut arare aut aliquid ferre denique.
nullum remitti' tempu' neque te respicis.   70
haec non voluptati tibi esse sati' certo scio. at
enim dices "quantum hic operi' fiat paenitet."
quod in opere faciundo operae consumis tuae,
si sumas in illis exercendis, plus agas.
ME. Chreme, tantumne ab re tuast oti tibi   75
aliena ut cures ea quae nil ad te attinent?
CH. homo sum: humani nil a me alienum puto.
vel me monere hoc vel percontari puta:
rectumst ego ut faciam; non est te ut deterream.
ME. mihi sic est usu'; tibi ut opu' factost face.   80
CH. an quoiquamst usus homini se ut cruciet? **ME.** mihi.
CH. si quid laborist nollem. sed quid istuc malist?
quaeso, quid de te tantum meruisti? **ME.** eheu!
CH. ne lacruma atque istuc, quidquid est, fac me ut sciam:
ne retice, ne verere, crede inquam mihi: 85
aut consolando aut consilio aut re iuvero.
ME. scire hoc vis? **CH.** hac quidem causa qua dixi tibi.
ME. dicetur. **CH.** at istos rastros interea tamen
adpone, ne labora. **ME.** minime. **CH.** quam rem agis?
ME. sine me vocivom tempu' nequod dem mihi   90
labori'. **CH.** non sinam, inquam. **ME.** ah non aequom facis.
CH. hui tam gravis hos, quaeso? **ME.** sic meritumst meum.
CH. nunc loquere. **ME.** filium unicum adulescentulum
habeo. ah quid dixi habere me? immo habui, Chreme;
nunc habeam necne incertumst. **CH.** quid ita istuc? **ME.** scies.   95
est e Corintho hic advena anu' paupercula;
ei(u)s filiam ille amare coepit perdite,
prope iam ut pro uxore haberet: haec clam me omnia.
ubi rem rescivi, coepi non humanitus
neque ut animum decuit aegrotum adulescentuli   100
tractare, sed vi et via pervolgata patrum.
cotidie accusabam: "hem tibine haec diutius
licere speras facere me vivo patre,
amicam ut habeas prope iam in uxoris loco?
erras, si id credis, et me ignoras, Clinia.   105
ego te meum esse dici tantisper volo
dum quod te dignumst facies; sed si id non facis,

ego quod me in te sit facere dignum invenero.
nulla adeo ex re istuc fit nisi ex nimio otio.
ego istuc aetati' non amori operam dabam,   110
sed in Asiam hinc abii propter pauperiem atque ibi
simul rem et gloriam armis belli repperi."
postremo adeo res rediit: adulescentulus
saepe eadem et graviter audiendo victus est;
putavit me et aetate et benevolentia   115
plus scire et providere quam se ipsum sibi:
in Asiam ad regem militatum abiit, Chreme.
CH. quid ais? **ME.** clam me profectu' mensis tris abest.
CH. ambo accusandi; etsi illud inceptum tamen
animist pudenti' signum et non instrenui.   120
ME. ubi comperi ex is qui <ei> fuere conscii,
domum revortor maestus atque animo fere
perturbato atque incerto prae aegritudine.
adsido: adcurrunt servi, soccos detrahunt;
video alios festinare, lectos sternere,   125
cenam adparare: pro se quisque sedulo
faciebant quo illam mihi lenirent miseriam.
ubi video, haec coepi cogitare "hem tot mea
soli[us] solliciti sunt causa ut me unum expleant?
ancillae tot me vestient? sumptus domi   130
tantos ego solu' faciam? sed gnatum unicum,
quem pariter uti his decuit aut etiam amplius,
quod illa aetas magis ad haec utenda idoneast,
eum ego hinc eieci miserum iniustitia mea!
malo quidem me dignum quovis deputem,   135
si id faciam. nam usque dum ille vitam illam colet
inopem carens patria ob meas iniurias,
interea usque illi de me supplicium dabo
laborans parcens quaerens, illi serviens."
ita facio prorsu': nil relinquo in aedibus   140
nec vas nec vestimentum: conrasi omnia.
ancillas servos, nisi eos qui opere rustico
faciundo facile sumptum exsercirent suom,
omnis produxi ac vendidi. inscripsi ilico
aedis mercede. quasi talenta ad quindecim   145
coegi: agrum hunc mercatu' sum: hic me exerceo.
decrevi tantisper me minus iniuriae,

Chreme, m<eo> gnato facere dum fiam miser;
nec fas esse ulla me voluptate hic frui,
nisi ubi ille huc salvo' redierit meu' particeps. 150
CH. ingenio te esse in liberos leni puto,
et illum obsequentem siqui' recte aut commode
tractaret. verum nec tu illum sati' noveras
nec te ille; hoc qui fit? ubi non vere vivitur.
tu illum numquam ostendisti quanti penderes   155
nec tibi illest credere ausu' quae est aequom patri.
quod si esset factum, haec numquam evenissent tibi.
ME. ita res est, fateor: peccatum a me maxumest.
CH. Menedeme, at porro recte spero et illum tibi
salvom adfuturum esse hic confido propediem.   160
ME. utinam ita di faxint! **CH.** facient. nunc si commodumst,
Dionysia hic sunt hodie: apud me sis volo.
ME. non possum. **CH.** quor non? quaeso tandem aliquantulum
tibi parce: idem absens facere te hoc volt filius.
ME. non convenit, qui illum ad laborem in<pe>pulerim,   165
nunc me ipsum fugere. **CH.** sicine est sententia?
ME. sic. **CH.** bene vale. **ME.** et tu.-- **CH.** lacrumas excussit mihi
miseretque me eiu'. sed ut diei tempus est,
<tempust> monere me hunc vicinum Phaniam
ad cenam ut veniat: ibo, visam si domist.--   170
<Saltatio convivarum>
nil opu' fuit monitore: iamdudum domi
praesto apud me esse aiunt. egomet convivas moror.
ibo adeo hinc intro. sed quid crepuerunt fores
hinc a me? quinam egreditur? huc concessero.

Clitipho Chremes
I.ii
CL. Nil adhuc est quod vereare, Clinia: haudquaquam etiam
cessant   175
et illam simul cum nuntio tibi hic adfuturam hodie scio.
proin tu sollicitudinem istam falsam quae te excruciat mittas.
CH. quicum loquitur filius?
CL. pater adest quem volui: adibo. pater, opportune advenis.
CH. quid id est? **CL.** hunc Menedemum nostin nostrum vicinum?
CH. probe.   180
CL. huic filium scis esse? **CH.** audivi esse in Asia. **CL.** non est, pater:

apud nos est. **CH.** quid ais? **CL.** advenientem, e navi egredientem ilico
abduxi ad cenam; nam mihi cum <eo> iam inde usque a pueritia
f<ui>t semper familiaritas. **CH.** voluptatem magnam nuntias.
quam vellem Menedemum invitatum ut nobiscum esset, amplius 185
ut hanc laetitiam necopinanti primus obicerem <ei> domi!
atque etiam nunc tempus est. **CL.** cave faxis: non opus est, pater.
CH. quapropter? **CL.** quia enim incertumst etiam quid se faciat. modo venit;
timet omnia, patris iram et animum amicae se erga ut sit suae.
<ea>m misere amat; propter eam haec turba atque abitio evenit.
CH. scio.   190
CL. nunc servolum ad eam in urbem misit et ego nostrum una Syrum.
CH. quid narrat? **CL.** quid ille? miserum se esse. **CH.** miserum? quem minu' crederest?
quid relicuist quin habeat quae quidem in homine dicuntur bona?
parentis, patriam incolumem, amicos genu' cognatos ditias.
atque haec perinde sunt ut illi(u)s animu' qui ea possidet: 195
qui uti scit <ei> bona; illi qui non utitur recte mala.
CL. immo ill' fuit senex inportunu' semper, et nunc nil magis
vereor quam nequid in illum iratu' plus satis faxit, pater.
CH. illene? (sed reprimam me: nam in metu esse hunc illist utile.)
CL. quid tute tecum? **CH.** dicam: ut ut erat, mansum tamen
oportuit.   200
fortasse aliquanto iniquior erat praeter ei(u)s lubidinem:
pateretur; nam quem ferret si parentem non ferret suom?
huncin erat aequom ex illi(u)s more an illum ex huiu' vivere?
et quod illum insimulat durum id non est; nam parentum iniuriae
uniu' modi sunt ferme, paullo qui est homo tolerabilis: 205
scortari crebro nolunt, nolunt crebro convivarier,
praebent exigue sumptum; atque haec sunt tamen ad virtutem omnia.
verum ubi animus semel se cupiditate devinxit mala,
necessest, Clitipho, consilia consequi consimilia. hoc
scitumst: periclum ex aliis face[re] tibi quod ex usu siet.   210
CL. ita credo. **CH.** ego ibo hinc intro, ut videam nobis quid in cena siet.
tu, ut tempus est diei, vide sis nequo hinc abeas longius.

ACTVS II

Clitipho
II.i

CL. Quam iniqui sunt patres in omnis adulescentis iudices!
qui aequom esse censent nos a pueris ilico nasci senes
neque illarum adfinis esse rerum quas fert adulescentia.   215
ex s<ua> lubidine moderantur nunc quae est, non quae olim fuit.
mihin si umquam filius erit, ne ille facili me utetur patre;
nam et cognoscendi et ignoscendi dabitur peccati locus:
non ut meus, qui mihi per alium ostendit s<ua>m sententiam.
perii! is mi, ubi adbibit plus paullo, sua quae narrat facinora!   220
nunc ait "periclum ex aliis facito tibi quod ex usu siet":
astutu'. ne ille haud scit quam mihi nunc surdo narret fabulam.
mage nunc me amicae dicta stimulant "da mihi" atque "adfer mihi":
quoi quod respondeam nil habeo; neque me quisquamst miserior.
nam hic Clinia, etsi is quoque suarum rerum satagit, attamen   225
habet bene et pudice eductam, ignaram artis meretriciae.
meast potens procax magnifica sumptuosa nobilis.
tum quod dem [<ei>] "recte" est; nam nil esse mihi religiost dicere.
hoc ego mali non pridem inveni neque etiamdum scit pater.

Clinia Clitipho
II.ii

CLIN. Si mihi secundae res de amore m<eo> essent, iamdudum scio   230
venissent; sed vereor ne mulier me absente hic corrupta sit.
concurrunt multae opiniones quae mihi animum exaugeant:
occasio locus aetas mater quoi(u)s sub imperiost mala,
quoi nil iam praeter pretium dulcest. **CLIT.** Clinia. **CLIN.** ei misero mihi!
CLIT. etiam caves ne videat forte hic te a patre aliquis exiens?   235
CLIN. faciam; sed nescioquid profecto mi animu' praesagit mali.
CLIT. pergin istuc priu' diiudicare quam scis quid veri siet?
CLIN. si nil mali esset iam hic adessent. **CLIT.** iam aderunt. **CLIN.** quando istuc erit?
CLIT. non cogitas hinc longule esse? et nosti mores mulierum:
dum moliuntur, dum conantur, annus est. **CLIN.** o Clitipho,   240
timeo. **CLIT.** respira: eccum Dromonem cum Syro una: adsunt tibi.

Syrvs Dromo Clinia Clitipho
II.iii

SY. Ain tu? **DR.** sic est. **SY.** verum interea, dum sermones caedimus,
illae sunt relictae. **CLIT.** mulier tibi adest. audin, Clinia?
CLIN. ego vero audio nunc demum et video et valeo, Clitipho.
DR. minime mirum: adeo inpeditae sunt: ancillarum gregem   245
ducunt secum. **CLIN.** perii, unde illi sunt ancillae? **CLIT.** men rogas?
SY. non oportuit relictas: portant quid rerum! **CLIN.** ei mihi!
SY. aurum vestem; et vesperascit et non noverunt viam.
factum a nobis stultest. abi dum tu, Dromo, illis obviam.
propera: quid stas? **CLIN.** vae misero mi, quanta de spe decidi!   250
CLIT. quid istuc? quae res te sollicitat autem? **CLIN.** rogitas quid siet?
viden tu? ancillas aurum vestem, quam ego cum una ancillula
hic reliqui, unde esse censes? **CLIT.** vah nunc demum intellego.
SY. di boni, quid turbaest! aedes nostrae vix capient, scio.
quid comedent! quid ebibent! quid sene erit nostro miserius?   255
sed video eccos quos volebam. **CLIN.** o Iuppiter, ubinamst fides?
dum ego propter te errans patria careo demens, tu interea loci
conlocupletasti te, Antiphila, et me in his deseruisti malis,
propter quam in summa infamia sum et m<eo> patri minus [sum]
obsequens:
quoi(u)s nunc pudet me et miseret, qui harum mores cantabat
mihi,   260
monuisse frustra neque eum potuisse umquam ab hac me expellere;
quod tamen nunc faciam; tum quom gratum mi esse potuit nolui.
nemost miserior me. **SY.** hic de nostris verbis errat videlicet
quae hic sumu' locuti. Clinia, aliter tuom amorem atque est accipis:
nam et vitast eadem et animu' te erga idem ac fuit,   265
quantum ex ipsa re coniecturam fecimus.
CLIN. quid est obsecro? nam mihi nunc nil rerum omniumst
quod malim quam me hoc falso suspicarier.
SY. hoc primum, ut ne quid hui(u)s rerum ignores: anus,
quae est dicta mater esse ei ant(e)hac, non fuit;   270
ea obiit mortem. hoc ipsa in itinere alterae
dum narrat forte audivi. **CLIT.** quaenamst altera?
SY. mane: hoc quod coepi primum enarrem, Clitipho:
post istuc veniam. **CLIT.** propera. **SY.** iam primum omnium,
ubi ventum ad aedis est, Dromo pultat fores;   275
anu' quaedam prodit; haec ubi aperuit ostium,
continuo hic se coniecit intro, ego consequor;

anu' foribus obdit pessulum, ad lanam redit.
hic sciri potuit aut nusquam alibi, Clinia,
quo studio vitam s<ua>m te absente exegerit,   280
ubi de inprovisost interventum mulieri.
nam ea res dedit tum existumandi copiam
cotidianae vitae consuetudinem,
quae quoi(u)sque ingenium ut sit declarat maxume.
texentem telam studiose ipsam offendimus,   285
mediocriter vestitam veste lugubri
(ei(u)s anui' causa opinor quae erat mortua)
sine auro; tum ornatam ita uti quae ornantur sibi,
nulla mala re esse expolitam muliebri;
capillu' pexu' prolixus circum caput   290
reiectu' neglegenter; pax. **CLIN.** Syre mi, obsecro,
ne me in laetitiam frustra conicias. **SY.** anus
subtemen nebat. praeterea una ancillula
erat; ea texebat una, pannis obsita,
neglecta, inmunda inluvie. **CLIT.** si haec sunt, Clinia,   295
vera, ita uti credo, quis te est fortunatior?
scin hanc quam dicit sordidatam et sordidam?
magnum hoc quoque signumst dominam esse extra noxiam,
quom eius tam negleguntur internuntii.
nam disciplinast isdem munerarier   300
ancillas primum ad dominas qui adfectant viam.
CLIN. perge, obsecro te, et cave ne falsam gratiam
studeas inire. quid ait ubi me nominas?
SY. ubi dicimus redisse te et rogare uti
veniret ad te, mulier telam desinit   305
continuo et lacrumis opplet os totum sibi,
ut facile scires desiderio id fieri [tuo].
CLIN. prae gaudio, ita me di ament, ubi sim nescio:
ita timui. **CLIT.** at ego nil esse scibam, Clinia.
agedum vicissim, Syre, dic quae illast altera?   310
SY. adducimus t<ua>m Bacchidem. **CLIT.** hem quid? Bacchidem?
eho sceleste, quo illam duci'? **SY.** quo ego illam? ad nos scilicet.
CLIT. ad patrem[ne]? **SY.** ad eum ipsum. **CLIT.** o hominis inpudentem
    audaciam! **SY.** heus
non fit sine periclo facinu' magnum nec memorabile.
CLIT. hoc vide: in mea vita tu tibi laudem is quaesitum, scelus?   315
ubi si paullulum modo quid te fugerit, ego perierim.

quid illo facias? **SY.** at enim . . **CLIT.** quid "enim"? **SY.** si sinas, dicam.
  CLIN. sine.
CLIT. sino. **SY.** ita res est haec nunc quasi quom . . **CLIT.** quas, malum,
  ambages mihi
narrare occipit? **CLIN.** Syre, verum hic dicit: mitte, ad rem redi.
SY. enimvero reticere nequeo: multimodis iniurius,   320
Clitipho, es neque ferri potis es. **CLIN.** audiundum hercle est, tace.
[**CLIT.** quid est?]   321a
SY. vis amare, vis potiri, vis quod des illi effici;
tuom esse in potiundo periclum non vis: haud stulte sapis;
siquidem id saperest velle te id quod non potest contingere.
aut haec cum illis sunt habenda aut illa cum his mittenda sunt.   325
harum d<ua>rum condicionum nunc utram malis vide;
etsi consilium quod cepi rectum esse et tutum scio.
nam apud patrem tua amica tecum sine metu ut sit copiast.
tum quod illi argentum es pollicitus, <ea>dem hac inveniam via,
quod ut efficerem orando surdas iam auris reddideras mihi.   330
quid aliud tibi vis? **CLIT.** siquidem hoc fit. **SY.** siquidem? experiundo
scies.
CLIT. age age, cedo istuc t<uo>m consilium: quid id est? **SY.**
adsimulabimus
tuam amicam huius esse amicam. **CLIT.** pulchre: quid faciat sua?
an ea quoque dicetur huiu', si una haec dedecorist parum?
SY. immo ad t<ua>m matrem abducetur. **CLIT.** quid eo? **SY.** longumst,
Clitipho,   335
si tibi narrem quam ob rem id faciam. **CLIN.** vera
causast. **CLIT.** fabulae!
nil sati' firmi video quam ob rem accipere hunc mi expediat metum.
SY. mane, habeo aliud, si istuc metui', quod ambo confiteamini
sine periclo esse. **CLIT.** huiu' modi obsecro aliquid
reperi. **CLIN.** maxume.
SY. ibo obviam, hinc dicam ut revortantur domum. **CLIT.** hem   340
quid dixti? **SY.** ademptum tibi iam faxo omnem metum,
in aurem utramvis otiose ut dormias.
  CLIT. quid ago nunc? **CLIN.** tune? quod boni . . **CLIT.** Syre! dic modo
verum. **SY.** age modo: hodie sero ac nequiquam voles.
  CLIN. datur, fruare dum licet; nam nescias . .   345
  CLIT. Syre inquam! **SY.** perge porro, tamen istuc ago.
  CLIN. ei(u)s sit potestas posthac an numquam tibi.
  CLIT. verum hercle istuc est. Syre, Syre inquam, heus heus Syre!

SY. concaluit. quid vis? **CLIT.** redi, redi! **SY.** adsum: dic quid est?
iam hoc quoque negabi' tibi placere. **CLIT.** immo, Syre,   350
et me et meum amorem et famam permitto tibi.
tu es iudex: nequid accusandu' sis vide.
SY. ridiculumst istuc me admonere, Clitipho,
quasi istic minor mea res agatur quam tua.
hic siquid nobis forte advorsi evenerit,   355
tibi erunt parata verba, huic homini verbera:
quapropter haec res ne utiquam neglectust mihi.
sed istunc exora ut suam esse adsimulet. **CLIN.** scilicet
facturum me esse; in eum iam res rediit locum
ut sit necessu'. **CLIT.** merito te amo, Clinia.   360
CLIN. verum illa nequid titubet. **SY.** perdoctast probe.
CLIT. at hoc demiror qui tam facile potueris
persuadere illi, quae solet quos spernere!
SY. in tempore ad eam veni, quod rerum omniumst
primum. nam quendam misere offendi ibi militem   365
ei(u)s noctem orantem: haec arte tractabat virum,
ut illius animum cupidum inopia incenderet
<ea>demque ut esset apud te hoc quam gratissimum.
sed heus tu, vide sis nequid inprudens ruas!
patrem novisti ad has res quam sit perspicax;   370
ego te autem novi quam esse soleas inpotens;
inversa verba, eversas cervices tuas,
gemitus screatus tussis risus abstine.
CLIT. laudabi'. **SY.** vide sis. **CLIT.** tutemet mirabere.
SY. sed quam cito sunt consecutae mulieres!   375
CLIT. ubi sunt? quor retines? **SY.** iam nunc haec non est tua.
CLIT. scio, apud patrem; at nunc interim. **SY.** nihilo magis.
CLIT. sine. **SY.** non sinam inquam. **CLIT.** quaeso paullisper. **SY.** veto.
CLIT. saltem salutem . . **SY.** abeas si sapias. **CLIT.** eo.
quid istic? **SY.** manebit. **CLIT.** [o] hominem felicem! **SY.** ambula. 380

Bacchis Antiphila Clinia Syrvs
II.iv

BA. Edepol te, mea Antiphila, laudo et fortunatam iudico,
id quom studuisti isti formae ut mores consimiles forent;
minimeque, ita me di ament, miror si te sibi quisque expetit.
nam mihi quale ingenium haberes fuit indicio oratio:
et quom egomet nunc mecum in animo vitam t<ua>m considero   385

omniumque adeo vostrarum volgu' quae ab se segregant,
et vos esse isti(u)s modi et nos non esse haud mirabilest.
nam expedit bonas esse vobis; nos, quibu'cum est res, non sinunt:
quippe forma inpulsi nostra nos amatores colunt;
haec ubi immutata est, illi suom animum alio conferunt: 390
nisi si prospectum interea aliquid est, desertae vivimus.
vobis cum uno semel ubi aetatem agere decretumst viro,
quoi(u)s mos maxumest consimili' vostrum, [h]i se ad vos adplicant.
hoc beneficio utrique ab utrisque vero devincimini,
ut numquam ulla amori vostro incidere possit calamitas.   395
AN. nescio alias: mequidem semper scio fecisse sedulo
ut ex illiu' commodo meum compararem commodum. **CL.** ah
ergo, mea Antiphila, tu nunc sola reducem me in patriam facis;
nam dum abs te absum omnes mihi labores f<ue>re quos cepi leves
praeter quam tui carendum quod erat. **SY.** credo. **CL.** Syre, vix
suffero: 400
hocin me miserum non licere meo modo ingenium frui!
SY. immo ut patrem t<uo>m vidi esse habitum, diu etiam duras dabit.
BA. quisnam hic adulescens est qui intuitur nos? **AN.** ah retine me,
obsecro!
BA. amabo quid tibist? **AN.** disperii, perii misera! **BA.** quid stupes,
Antiphila? **AN.** videon Cliniam an non? **BA.** quem vides?   405
CL. salve, anime mi. **AN.** o mi Clinia, salve. **CL.** ut vales?
AN. salvom venisse gaudeo. **CL.** teneone te,
Antiphila, maxume animo exspectatam meo?
SY. ite intro; nam vos iamdudum exspectat senex.

ACTVS III

Chremes Menedemvs
III.i
CH. Luciscit hoc iam. cesso pultare ostium   410
vicini, primum e me ut sciat sibi filium
redisse? etsi adulescentem hoc nolle intellego.
verum quom videam miserum hunc tam excruciarier
ei(u)s abitu, celem tam insperatum gaudium,
quom illi pericli nil ex indicio siet?   415
haud faciam; nam quod potero adiutabo senem.
item ut filium m<eu>m amico atque aequali suo
video inservire et socium esse in negotiis,

nos quoque senes est aequom senibus obsequi.
ME. aut ego profecto ingenio egregio ad miserias   420
natus sum aut illud falsumst quod volgo audio
dici, diem adimere aegritudinem hominibus;
nam mihi quidem cotidie augescit magis
de filio aegritudo, et quanto diutius
abest mage cupio tanto et mage desidero.   425
CH. sed ipsum foras egressum video: ibo adloquar.
Menedeme, salve: nuntium adporto tibi
quoi(u)s maxume te fieri participem cupis.
ME. num quid nam de gnato meo audisti, Chreme?
CH. valet atque vivit. **ME.** ubinamst quaeso? **CH.** apud me domi.   430
ME. meu' gnatu'? **CH.** sic est. **ME.** venit? **CH.** certe. **ME.** Clinia
meu' venit? **CH.** dixi. **ME.** eamu': duc me ad eum, obsecro.
CH. non volt te scire se redisse etiam et tuom
conspectum fugitat: propter peccatum hoc timet,
ne tua duritia antiqua illa etiam adaucta sit.   435
ME. non tu illi dixti ut essem? **CH.** non. **ME.** quam ob rem, Chreme?
CH. quia pessume istuc in te atque [in] illum consulis,
si te tam leni et victo esse animo ostenderis.
ME. non possum: sati' iam, sati' pater durus fui. **CH.** ah
vehemens in utramque partem, Menedeme, es nimis   440
aut largitate nimia aut parsimonia:
in eandem fraudem ex hac re atque ex illa incides.
primum olim potiu' quam paterere filium
commetare ad mulierculam, quae paullulo
tum erat contenta quoique erant grata omnia,   445
proterruisti hinc. ea coacta ingratiis
postilla coepit victum volgo quaerere.
nunc quom sine magno intertrimento non potest
haberi, quidvis dare cupis. nam ut tu scias
quam ea nunc instructa pulchre ad perniciem siet,   450
primum iam ancillas secum adduxit plus decem
oneratas veste atque auro: satrapes si siet
amator, numquam sufferre ei(u)s sumptus queat;
nedum tu possis. **ME.** estne ea intu'? **CH.** sit rogas?
sensi. nam unam ei cenam atque eiu' comitibus   455
dedi; quod si iterum mihi sit danda, actum siet.
nam ut alia omittam, pytissando modo mihi
quid vini absumsit "sic hoc" dicens; "asperum,

pater, hoc est: aliud lenius sodes vide":
relevi dolia omnia, omnis serias;   460
omnis sollicitos habui--atque haec una nox.
quid te futurum censes quem adsidue exedent?
sic me di amabunt ut me t<ua>rum miseritumst,
Menedeme, fortunarum. **ME.** faciat quidlubet:
sumat consumat perdat, decretumst pati,   465
dum illum modo habeam mecum. **CH.** si certumst tibi
sic facere, illud permagni referre arbitror
ut ne scientem sentiat te id sibi dare.
ME. quid faciam? **CH.** quidvis potiu' quam quod cogitas:
per alium quemvis ut des, falli te sinas   470
techinis per servolum; etsi subsensi id quoque,
illos ibi esse, id agere inter se clanculum.
Syru' cum illo vostro consusurrant, conferunt
consilia ad adulescentes; et tibi perdere
talentum hoc pacto satius est quam illo minam.   475
non nunc pecunia agitur sed illud quo modo
minimo periclo id demus adulescentulo.
nam si semel tuom animum ille intellexerit,
priu' proditurum te tuam vitam et prius
pecuniam omnem quam abs te amittas filium, hui   480
quantam fenestram ad nequitiem patefeceris,
tibi autem porro ut non sit suave vivere!
nam deteriores omnes sumu' licentia.
quod quoique quomque inciderit in mentem volet
neque id putabit pravom an rectum sit: petet.   485
tu rem perire et ipsum non poteris pati:
dare denegaris; ibit ad illud ilico
qui maxume apud te se valere sentiet:
abiturum se abs te esse ilico minitabitur.
ME. videre vera atque ita uti res est dicere.   490
CH. somnum hercle ego hac nocte oculis non vidi meis,
dum id quaero tibi qui filium restituerem.
ME. cedo dextram: porro te idem oro ut facias, Chreme.
CH. paratu' sum. **ME.** scin quid nunc facere te volo?
CH. dic. **ME.** quod sensisti illos me incipere fallere,   495
id uti maturent facere: cupio illi dare
quod volt, cupio ipsum iam videre. **CH.** operam dabo.
paullum negoti mi obstat: Simus et Crito

vicini nostri hic ambigunt de finibus;
me cepere arbitrum: ibo ac dicam, ut dixeram   500
operam daturum me, hodie non posse is dare:
continuo hic adero. **ME.** ita quaeso.-- di vostram fidem,
ita conparatam esse hominum naturam omnium
aliena ut meliu' videant et diiudicent
quam sua! an eo fit quia in re nostra aut gaudio   505
sumu' praepediti nimio aut aegritudine?
hic mihi nunc quanto plus sapit quam egomet mihi!
CH. dissolvi me otiosus operam ut tibi darem.
Syrus est prendendus atque adhortandus mihi.
a me nescioquis exit: concede hinc domum   510
ne nos inter nos congruere sentiant.

Syrvs Chremes
III.ii
SY. Hac illac circumcursa; inveniundumst tamen
argentum: intendenda in senemst fallacia.
CH. num me fefellit hosce id struere? videlicet
ill' Cliniai servo' tardiusculust;   515
idcirco huic nostro traditast provincia.
SY. quis hic loquitur? perii. numnam haec audivit? **CH.** Syre. **SY.** hem.
CH. quid tu istic? **SY.** recte equidem; sed te miror, Chreme,
tam mane, qui heri tantum biberis. **CH.** nil nimis.
SY. "nil" narras? visa verost, quod dici solet,   520
aquilae senectus. **CH.** heia. **SY.** mulier commoda et
faceta haec meretrix. **CH.** sane. **SY.** idem visast tibi?
et quidem hercle forma luculenta. **CH.** sic satis.
SY. ita non ut olim, sed uti nunc, sane bona;
minimeque miror Clinia hanc si deperit.   525
sed habet patrem quendam avidum, miserum atque aridum
vicinum hunc: nostin? at quasi is non ditiis
abundet, gnatus ei(u)s profugit inopia.
scis esse factum ut dico? **CH.** quid ego ni sciam?
hominem pistrino dignum! **SY.** quem? **CH.** istunc servolum   530
dico adulescenti' .. **SY.** Syre, tibi timui male!
CH. qui passus est id fieri. **SY.** quid faceret? **CH.** rogas?
aliquid reperiret, fingeret fallacias
unde esset adulescenti amicae quod daret,
atque hunc difficilem invitum servaret senem.   535

SY. garris. **CH.** haec facta ab illo oportebant, Syre.
SY. eho quaeso laudas qui eros fallunt? **CH.** in loco
ego vero laudo. **SY.** recte sane. **CH.** quippe qui
magnarum saepe id remedium aegritudinumst:
iam huic mansisset unicus gnatus domi.   540
SY. iocone an serio ille haec dicat nescio;
nisi mihi quidem addit animum quo lubeat magis.
CH. et nunc quid exspectat, Syre? an dum hic denuo
abeat, quom tolerare illi(u)s sumptus non queat?
nonne ad senem aliquam fabricam fingit? **SY.** stolidus est.   545
CH. at te adiutare oportet adulescentuli
causa. **SY.** facile equidem facere possum si iubes;
etenim quo pacto id fieri soleat calleo.
CH. tanto hercle melior. **SY.** non est mentiri meum.
CH. fac ergo. **SY.** at heus tu facito dum eadem haec memineris   550
siquid huiu' simile forte aliquando evenerit,
ut sunt humana, tuos ut faciat filius.
CH. non usu' veniet, spero. **SY.** spero hercle ego quoque,
neque eo nunc dico quo quicquam illum senserim;
sed siquid, nequid. quae sit ei(u)s aetas vides;   555
et ne ego te, si usu' veniat, magnifice, Chreme,
tractare possim. **CH.** de istoc, quom usu' venerit,
videbimus quid opu' sit: nunc istuc age.--
SY. numquam commodius umquam erum audivi loqui,
nec quom male facere[m] crederem mi inpunius   560
licere. quisnam a nobis egreditur foras?

Chremes Clitipho Syrvs
III.iii
CH. Quid istuc quaeso? qui istic mos est, Clitipho? itane fieri oportet?
CL. quid ego feci? **CH.** vidin ego te modo manum in sinum huic meretrici
inserere? **SY.** acta haec res est: perii. **CL.** mene? **CH.** hisce oculis, ne nega.
facis adeo indigne iniuriam illi qui non abstineas manum.   565
nam istaec quidem contumeliast,
hominem amicum recipere ad te atque ei(u)s amicam subigitare.
vel here in vino quam inmodestu' f<ui>sti . . **SY.** factum. **CH.** quam molestus!
ut equidem, ita me di ament, metui quid futurum denique esset!

novi ego amantium animum: advortunt graviter quae non
censeas.   570
CL. at mihi fides apud hunc est nil me istiu' facturum, pater.
CH. esto; at certe concedas aliquo ab ore <eo>rum aliquantisper.
multa fert lubido: ea facere prohibet tua praesentia.
ego de me facio coniecturam: nemost m<eo>rum amicorum hodie
apud quem expromere omnia mea occulta, Clitipho, audeam.   575
apud alium prohibet dignitas; apud alium ipsi(u)s facti pudet,
ne ineptu', ne protervo' videar: quod illum facere credito.
sed nostrum est intellegere utquomque atque ubiquomque opu' sit
obsequi.
SY. quid istic narrat! **CL.** perii. **SY.** Clitipho, haec ego praecipio tibi?
homini' frugi et temperanti' functu's officium? **CL.** tace sodes.   580
SY. recte sane. **CL.** Syre, pudet me. **SY.** credo: neque id iniuria; quin
mihi molestumst. **CL.** perdis hercle. **SY.** verum dico quod videtur.
CL. nonne accedam ad illos? **CH.** eho quaeso, una accedundi viast?
SY. actumst: hic priu' se indicarit quam ego argentum effecero.
Chreme, vin tu homini stulto mi auscultare? **CH.** quid faciam? **SY.** Iube
hunc   585
abire hinc aliquo. **CL.** quo ego hinc abeam? **SY.** quo lubet: da illis
locum:
abi d<ea>mbulatum. **CL.** d<ea>mbulatum? quo? **SY.** vah quasi desit
locus.
abi sane istac, istorsum, quovis. **CH.** recte dicit, censeo.
CL. di te eradicent, Syre, qui me hinc ~extrudis~!
SY. at tu pol tibi istas posthac comprimito manus!--   590
censen vero? quid illum porro credas facturum, Chreme,
nisi eum, quantum tibi opi' di dant, servas castigas mones?
CH. ego istuc curabo. **SY.** atqui nunc, ere, tibi istic adservandus est.
CH. fiet. **SY.** si sapias; nam mihi iam minu' minusque obtemperat.
CH. quid tu? ecquid de illo quod dudum tecum egi egisti, Syre, aut 595
repperisti tibi quod placeat an non[dum etiam]? **SY.** de fallacia
dicis? est: inveni nuper quandam. **CH.** frugi es. cedo quid est?
SY. dicam, verum ut aliud ex alio incidit. **CH.** quidnam, Syre?
SY. pessuma haec est meretrix. **CH.** ita videtur. **SY.** immo si scias.
vah vide quod inceptet facinu'. f<ui>t quaedam anu' Corinthia   600
hic: huic drachumarum haec argenti mille dederat mutuom.
CH. quid tum? **SY.** ea mortuast: reliquit filiam adulescentulam.
ea relicta huic arraboni est pro illo argento. **CH.** intellego.
SY. hanc secum huc adduxit, ea quae est nunc apud uxorem tuam.

CH. quid tum? **SY.** Cliniam orat sibi uti [id] nunc det: illam illi tamen   605
post daturum: mille nummum poscit. **CH.** et poscit quidem? **SY.** hui,
dubium id est? ego sic putavi. **CH.** quid nunc facere cogitas?
SY. egon? ad Menedemum ibo: dicam hanc esse captam ex Caria
ditem et nobilem; si redimat magnum inesse in ea lucrum.
CH. erras. **SY.** quid ita? **CH.** pro Menedemo nunc tibi ego
respondeo   610
"non emo": quid ages? **SY.** optata loquere. **CH.** qui? **SY.** non est opus.
CH. non opus est? **SY.** non hercle vero. **CH.** qui istuc, miror. **SY.** iam scies.
CH. mane, mane, quid est quod tam a nobis graviter crepuerunt fores?

ACTVS IV

Sostrata Chremes Nvtrix Syrvs
IV.i

SO. Nisi me animu' fallit, hic profectost anulus quem ego suspicor,
is quicum expositast gnata. **CH.** quid volt sibi, Syre, haec oratio? 615
SO. quid est? isne tibi videtur? **NV.** dixi equidem, ubi mi ostendisti, ilico
eum esse. **SO.** at ut sati' contemplata modo sis, mea nutrix. **NV.** satis.
SO. abi nunciam intro atque illa si iam laverit mihi nuntia.
hic ego virum interea opperibor. **SY.** te volt: videas quid velit.
nescioquid tristis est: non temerest: timeo quid sit. **CH.** quid siet? 620
ne ista hercle magno iam conatu magnas nugas dixerit.
SO. ehem mi vir. **CH.** ehem mea uxor. **SO.** te ipsum quaero. **CH.** loquere
quid velis.
SO. primum hoc te oro, nequid credas me advorsum edictum tuom
facere esse ausam. **CH.** vin me istuc tibi, etsi incredibilest, credere?
credo. **SY.** nescioquid peccati portat haec purgatio.   625
SO. meministin me ess(e) gravidam et mihi te maxumo opere edicere,
si puellam parerem, nolle tolli? **CH.** scio quid feceris:
sustulisti. **SY.** sic est factum: dom(i)na ego, eru' damno auctus est.
SO. minime; sed erat hic Corinthia anus haud inpura: <ei> dedi
exponendam. **CH.** o Iuppiter, tantam esse in animo inscitiam!   630
SO. perii: quid ego feci? **CH.** rogitas? **SO.** si peccavi, mi Chreme,
insciens feci. **CH.** id equidem ego, si tu neges, certo scio,
te inscientem atque inprudentem dicere ac facere omnia:
tot peccata in hac re ostendi'. nam iam primum, si meum

imperium exsequi voluisses, interemptam oportuit,   635
non simulare mortem verbis, re ipsa spem vitae dare.
at id omitto: misericordia, animu' maternus: sino.
quam bene vero abs te prospectumst quod voluisti cogita:
nempe anui illi prodita abs te filiast planissume,
per te vel uti quaestum faceret vel uti veniret palam.   640
credo, id cogitasti: "quidvis satis est dum vivat modo."
quid cum illis agas qui neque ius neque bonum atque aequom sciunt,
meliu' peiu', prosit obsit, nil vident nisi quod lubet?
SO. mi Chreme, peccavi, fateor: vincor. nunc hoc te obsecro,
quanto tuos est animu' natu gravior, ignoscentior,   645
ut meae stultitiae in iustitia tua sit aliquid praesidi.
CH. scilicet equidem istuc factum ignoscam; verum, Sostrata,
male docet te mea facilitas multa. sed istuc quidquid est
qua hoc occeptumst causa loquere. **SO.** ut stultae et misere omnes
sumus
religiosae, quom exponendam do illi, de digito anulum   650
detraho et eum dico ut una cum puella exponeret:
si moreretur, ne expers partis esset de nostris bonis.
CH. istuc recte: conservasti te atque illam. **SO.** is hic est anulus.
CH. unde habes? **SO.** quam Bacchi' secum adduxit
adulescentulam, **SY.** hem.
CH. quid illa narrat? **SO.** ea lavatum dum it, servandum mihi
dedit.   655
animum non advorti primum; sed postquam aspexi ilico
cognovi, ad te exsilui. **CH.** quid nunc suspicare aut invenis
de illa? **SO.** nescio nisi ex ipsa quaeras unde hunc habuerit,
si potis est reperiri. **SY.** interii: plus sp<ei> video quam volo:
nostrast, si itast. **CH.** vivitne illa quoi tu dederas? **SO.** nescio.   660
CH. quid renuntiavit olim? **SO.** fecisse id quod iusseram.
CH. nomen mulieri' cedo quid sit, ut quaeratur. **SO.** Philterae.
SY. ipsast. mirum ni illa salvast et ego perii. **CH.** Sostrata,
sequere me intro hac. **SO.** ut praeter spem evenit! quam timui male
ne nunc animo ita esses duro ut olim in tollendo, Chreme!   665
CH. non licet hominem esse saepe ita ut volt, si res non sinit.
nunc ita tempus est mi ut cupiam filiam: olim nil minus.

Syrvs
IV.ii
SY. Nisi me animu' fallit multum, haud multum a me aberit

infortunium:
ita hac re in angustum oppido nunc m<eae> coguntur copiae;
nisi aliquid video ne esse amicam hanc gnati resciscat senex.   670
nam quod de argento sperem aut posse postulem me fallere
nil est; triumpho si licet me latere tecto abscedere.
crucior bolum tantum mi ereptum tam desubito e faucibus.
quid agam? aut quid comminiscar? ratio de integro ineundast mihi.
nil tam difficilest quin quaerendo investigari possiet.   675
quid si hoc nunc sic incipiam? nilst. quid si sic? tantundem egero.
at sic opinor: non potest. immo optume. euge habeo optumam.
retraham hercle opinor ad me
idem ego illuc hodie fugitivom argentum tamen.   678a

Clinia Syrvs
IV.iii

CL. Nulla mihi res posthac potest iam intervenire tanta
quae mi aegritudinem adferat: tanta haec laetitia obortast.
dedo patri me nunciam ut frugalior sim quam volt.
SY. nil me fefellit: cognitast, quantum audio huiu' verba.
istuc tibi ex sententia tua obtigisse laetor.
CL. o mi Syre, audisti obsecro? **SY.** quidni? qui usque una adfuerim.
CL. quoi aeque audisti commode quicquam evenisse? **SY.** nulli.   685
CL. atque ita me di ament ut ego nunc non tam meapte causa
laetor quam illiu'; quam ego scio esse honore quovis dignam.
SY. ita credo. sed nunc, Clinia, age, da te mihi vicissim;
nam amici quoque res est videnda in tutum ut conlocetur,
nequid de amica nunc senex. **CL.** o Iuppiter! **SY.** quiesce.   690
CL. Antiphila mea nubet mihi. **SY.** sicin mi interloquere?
CL. quid faciam? Syre mi, gaudeo: fer me. **SY.** fero hercle vero.
CL. deorum vitam apti sumus. **SY.** frustra operam opino[r] hanc sumo.
CL. loquere: audio. **SY.** at iam hoc non ages. **CL.** agam. **SY.**
videndumst, inquam,
amici quoque res, Clinia, t<ui> in tuto ut conlocetur.   695
nam si nunc a nobis abis et Bacchidem hic relinquis,
senex resciscet ilico esse amicam hanc Clitiphonis;
si abduxeris, celabitur, itidem ut celata adhuc est.
CL. at enim istoc nil est mage, Syre, m<ii>s nuptiis advorsum.
nam quo ore appellabo patrem? tenes quid dicam? **SY.** quidni?   700
CL. quid dicam? quam causam adferam? **SY.** qui nolo mentiare:
aperte ita ut res sese habet narrato. **CL.** quid ais? **SY.** iubeo:

illam te amare et velle uxorem, hanc esse Clitiphonis.
CL. bonam atque iustam rem oppido imperas et factu facilem.
et scilicet iam me hoc voles patrem exorare ut celet   705
senem vostrum? SY. immo ut recta via rem narret ordine
omnem. CL. hem
sati' sanus es et sobrius? tuquidem illum plane perdis.
nam qui ille poterit esse in tuto, dic mihi?
SY. huic equidem consilio palmam do: hic me magnifice ecfero,
qui vim tantam in me et potestatem habeam tantae astutiae   710
vera dicendo ut eos ambos fallam: ut quom narret senex
voster nostro istam esse amicam gnati, non credat tamen.
CL. at enim spem istoc pacto rursum nuptiarum omnem eripis;
nam dum amicam hanc m<ea>m esse credet, non committet filiam.
tu fors quid me fiat parvi pendi', dum illi consulas.   715
SY. quid, malum, me aetatem censes velle id adsimularier?
unus est dies dum argentum eripio: pax: nil amplius.
CL. tantum sat habes? quid tum quaeso si hoc pater resciverit?
SY. quid si redeo ad illos qui aiunt "quid si nunc caelum ruat?"
CL. metuo quid agam. SY. metui'? quasi non ea potestas sit tua   720
quo velis in tempore ut te exsolvas, rem facias palam.
CL. age age, transducatur Bacchis. SY. optume ipsa exit foras.

Bacchis Clinia Syrvs Dromo Phrygia
IV.iv

BA. Sati' pol proterve me Syri promissa huc induxerunt,
decem minas quas mihi dare pollicitust. quodsi nunc me
deceperit saepe obsecrans me ut veniam, frustra veniet;   725
aut quom venturam dixero et constituero, quom is certe
renuntiarit, Clitipho quom in spe pendebit animi,
decipiam ac non veniam, Syrus mihi tergo poenas pendet.
CL. sati' scite promittit tibi. SY. atqui tu hanc iocari credis?
faciet nisi caveo. BA. dormiunt: ego pol istos commovebo.   730
mea Phrygia, audisti modo iste homo quam villam demonstravit
Charini? PH. audivi. BA. proxumam esse huic fundo ad
dextram? PH. memini.
BA. curriculo percurre: apud eum miles Dionysia agitat:
SY. quid inceptat? BA. dic me hic oppido esse invitam atque adservari,
verum aliquo pacto verba me his daturam esse et venturam.   735
SY. perii hercle. Bacchi', mane, mane: quo mittis istanc quaeso?
iube maneat. BA. i. SY. quin est paratum argentum. BA. quin ego

maneo.

SY. atqui iam dabitur. **BA.** ut lubet. num ego insto? **SY.** at scin quid
sodes?

BA. quid? **SY.** transeundumst nunc tibi ad Menedemum et tua pompa
<eo> transducendast. **BA.** quam rem agis, scelus? **SY.** egon? argentum
cudo   740
quod tibi dem. **BA.** dignam me putas quam inludas? **SY.** non est
temere.

BA. etiamne tecum hic res mihist? **SY.** minime: tuom tibi reddo.

BA. eatur. **SY.** sequere hac. heus, Dromo. **DR.** quis me volt? **SY.** Syru'.

DR. quid est r<ei>?

SY. ancillas omnis Bacchidis tra<ns>duce huc ad vos propere.

DR. quam ob rem? **SY.** ne quaeras: ecferant quae secum huc
attulerunt.   745
sperabit sumptum sibi senex levatum esse harunc abitu:
ne ille haud scit hoc paullum lucri quantum ei damnum adportet.
tu nescis id quod scis, Dromo, si sapies. **DR.** mutum dices.

Chremes Syrvs
IV.v

CH. Ita me di amabunt ut nunc Menedemi vicem
miseret me tantum devenisse ad eum mali.   750
illancin mulierem alere cum illa familia!
etsi scio, hosce aliquot dies non sentiet,
ita magno desiderio fuit <ei> filius;
verum ubi videbit tantos sibi sumptus domi
cotidianos fieri nec fieri modum,   755
optabit rursum ut abeat ab se filius.
Syrum optume eccum. **SY.** cesso hunc adoriri? **CH.** Syre. **SY.** hem.

CH. quid est? **SY.** te mihi ipsum iamdudum optabam dari.

CH. videre egisse iam nescioquid cum sene.

SY. de illo quod dudum? dictum [ac] factum reddidi.   760

CH. bonan fide? **SY.** bona hercle. **CH.** non possum pati
quin tibi caput demulceam; accede huc, Syre:
faciam boni tibi aliquid pro ista re ac lubens.

SY. at si scias quam scite in mentem venerit.

CH. vah gloriare evenisse ex sententia?   765

SY. non hercle vero: verum dico. **CH.** dic quid est?

SY. t<ui> Clitiphonis esse amicam hanc Bacchidem
Menedemo dixit Clinia, et ea gratia

secum adduxisse ne tu id persentisceres.
CH. probe. **SY.** dic sodes. **CH.** nimium, inquam. **SY.** immo si scias. 770
sed porro ausculta quod superest fallaciae:
sese ipse dicit t<ua>m vidisse filiam;
ei(u)s sibi conplacitam formam, postquam aspexerit;
hanc cupere uxorem. **CH.** modone quae inventast? **SY.** eam:
et quidem iubebit posci. **CH.** quam ob rem istuc, Syre?   775
nam prorsum nil intellego. **SY.** vah tardus es.
CH. fortasse. **SY.** argentum dabitur ei ad nuptias,
aurum atque vestem qui . . tenesne? **CH.** comparet?
SY. id ipsum. **CH.** at ego illi neque do neque despondeo.
SY. non? quam ob rem? **CH.** quam ob rem? me rogas? homini . . ? **SY.** ut
lubet.   780
non ego dicebam in perpetuom ut illam illi dares,
verum ut simulares. **CH.** non meast simulatio;
ita tu istaec tua misceto ne me admisceas.
egon quoi daturu' non sum, ut <ei> despondeam?
SY. credebam. **CH.** minime. **SY.** scite poterat fieri;   785
et ego hoc, quia dudum tu tanto opere iusseras,
<eo> coepi. **CH.** credo. **SY.** ceterum equidem istuc, Chreme,
aequi bonique facio. **CH.** atqui quam maxume
volo te dare operam ut fiat, verum alia via.
SY. fiat, quaeratur aliquid. sed illud quod tibi   790
dixi de argento quod ista debet Bacchidi,
id nunc reddendumst illi: neque tu scilicet
illuc confugies: "quid mea? num mihi datumst?
num iussi? num illa oppignerare filiam
meam me invito potuit?" verum illuc, Chreme,   795
dicunt: "ius summum saepe summast malitia."
CH. haud faciam. **SY.** immo aliis si licet, tibi non licet:
~omnes te in lauta et bene acta parte putant.~
CH. quin egomet iam ad eam deferam. **SY.** immo filium
iube potiu'. **CH.** quam ob rem? **SY.** quia enim in eum suspiciost   800
translata amori'. **CH.** quid tum? **SY.** quia videbitur
mage veri simile id esse, quom hic illi dabit;
et simul conficiam facilius ego quod volo.
ipse adeo adest: abi, ecfer argentum. **CH.** ecfero.

Clitipho Syrvs
IV.vi

CL. Nullast tam facili' res quin difficilis siet,   805
quam invitu' facias. vel me haec d<ea>mbulatio,
quam non laboriosa, ad languorem dedit.
nec quicquam mage nunc metuo quam ne denuo
miser aliquo extrudar hinc, ne accedam ad Bacchidem.
ut te quidem omnes di deae[que] quantumst, Syre,   810
cum istoc invento cumque incepto perduint!
huiu' modi mihi res semper comminiscere
ubi me excarnufices. **SY.** is tu hinc quo dignus es?
quam paene tua me perdidit protervitas!
CL. vellem hercle factum, ita meritu's. **SY.** meritu'? quo modo? 815
ne me istuc ex te prius audisse gaudeo
quam argentum haberes quod daturu' iam fui.
CL. quid igitur dicam tibi vis? abi<i>sti; mihi
amicam adduxti quam non licitumst tangere.
SY. iam non sum iratu'. sed scin ubi sit nunc tibi   820
tua Bacchis? **CL.** apud nos. **SY.** non. **CL.** ubi ergo? **SY.** apud Cliniam.
CL. perii. **SY.** bono animo es: iam argentum ad eam deferes
quod <ei> pollicitu's. **CL.** garris. unde? **SY.** a t<uo> patre.
CL. ludis fortasse me? **SY.** ipsa re experibere.
CL. ne ego sum homo fortunatu': deamo te, Syre.   825
SY. sed pater egreditur. cave quicquam admiratu' sis
qua causa id fiat; obsecundato in loco;
quod imperabit facito; loquitor paucula.

Chremes Clitipho Syrvs
IV.vii

CH. Vbi Clitipho hic est? **SY.** "eccum me" inque. **CL.** eccum hic tibi.
CH. quid r<ei> esset dixti[n] huic? **SY.** dixi pleraque omnia.   830
CH. cape hoc argentum ac defer. **SY.** i: quid stas, lapis?
quin accipis? **CL.** cedo sane. **SY.** sequere hac me ocius.
tu hic nos dum eximus interea opperibere;
nam nil est illic quod moremur diutius.--
CH. minas quidem iam decem habet a me filia,   835
quas hortamentis esse nunc duco datas;
hasce ornamentis consequentur alterae;
porro haec talenta dotis adposcunt duo.
quam multa iniusta ac prava fiunt moribus!

mihi nunc relictis rebus inveniundus est   840
aliquis, labore inventa mea quoi dem bona.

Menedemvs Chremes
IV.viii

ME. Multo omnium nunc me fortunatissimum
factum puto esse quom te, gnate, intellego
resipisse. **CH.** ut errat! **ME.** te ipsum quaerebam, Chreme:
serva, quod in te est, filium, me ac familiam.   845
CH. cedo quid vis faciam? **ME.** invenisti hodie filiam.
CH. quid tum? **ME.** hanc uxorem sibi dari volt Clinia.
CH. quaeso quid tu homini's? **ME.** quid est? **CH.** iamne oblitus es
inter nos quid sit dictum de fallacia,
ut ea via abs te argentum auferretur? **ME.** scio.   850
CH. ea res nunc agitur ipsa. **ME.** quid narras, Chreme?
erravi? actast res? quanta de spe decidi! 851a
immo haec quidem quae apud me est Clitiphonis est
amica: ita aiunt. **CH.** et tu credis omnia.
et illum aiunt velle uxorem ut, quom desponderis,
des qui aurum ac vestem atque alia quae opu' sunt comparet.   855
ME. id est profecto: id amicae dabitur. **CH.** scilicet
daturum. **ME.** [v]ah frustra sum igitur gavisus miser.
quidvis tamen iam malo quam hunc amittere.
quid nunc renuntiem abs te responsum, Chreme,
ne sentiat me sensisse atque aegre ferat?   860
CH. aegre? nimium illi, Menedeme, indulges. **ME.** sine:
inceptumst: perfice hoc mi perpetuo, Chreme.
CH. dic convenisse, egisse te de nuptiis.
ME. dicam. quid deinde? **CH.** me facturum esse omnia,
generum placere; postremo etiam, si voles,   865
desponsam quoque esse dicito. **ME.** em istuc volueram.
CH. tanto ocius te ut poscat et tu, id quod cupis,
quam ocissime ut des. **ME.** cupio. **CH.** ne tu propediem,
ut istanc rem video, istius obsaturabere.
sed ut uti istaec sunt, cautim et paulatim dabis   870
si sapies. **ME.** faciam. **CH.** abi intro: vide quid postulet.
ego domi ero siquid me voles. **ME.** sane volo;
nam te scientem faciam quidquid egero.

ACTVS V

Menedemvs Chremes
V.i

ME. Ego me non tam astutum neque ita perspicacem esse id scio;
sed hic adiutor meus et monitor et praemonstrator Chremes   875
hoc mihi praestat: in me quidvis harum rerum convenit
quae sunt dicta in stulto, caudex stipes asinu' plumbeus;
in illum nil potest: exsuperat ei(u)s stultitia haec omnia.
CH. ohe iam desine deos, uxor, gratulando obtundere
t<ua>m esse inventam gnatam, nisi illos ex tuo ingenio iudicas   880
ut nil credas intellegere nisi idem dictumst centiens.
sed interim quid illic iamdudum gnatu' cessat cum Syro?
ME. quos ais homines, Chreme, cessare? **CH.** ehem, Menedeme,
advenis?
dic mihi, Cliniae quae dixi nuntiastin? **ME.** omnia.
CH. quid ait? **ME.** gaudere adeo coepit quasi qui cupiunt nuptias. 885
CH. hahahae. **ME.** quid risisti? **CH.** servi venere in mentem Syri
calliditates. **ME.** itane? **CH.** voltu' quoque hominum fingit scelus.
ME. gnatu' quod se adsimulat laetum, id dicis? **CH.** id. **ME.** idem istuc
mihi
venit in mentem. **CH.** veterator. **ME.** mage, si mage noris, putes
ita rem esse. **CH.** <ai>n tu? **ME.** quin tu ausculta. **CH.** mane; hoc priu'
scire expeto,   890
quid perdideris. nam ubi desponsam nuntiasti filio,
continuo iniecisse verba tibi Dromonem scilicet,
sponsae vestem aurum atque ancillas opus esse: argentum ut dares.
ME. non. **CH.** quid? non? **ME.** non inquam. **CH.** neque ipse gnatu'? **ME.**
  nil prorsum, Chreme.
magis unum etiam instare ut hodie conficiantur nuptiae.   895
CH. mira narras. quid Syru' meu'? ne is quidem quicquam? **ME.** nihil.
CH. quam ob rem, nescio. **ME.** equidem miror, qui alia tam plane scias.
sed ille t<uo>m quoque Syrus idem mire finxit filium,
ut ne paullulum quidem subolat esse amicam hanc Cliniae.
CH. quid agit? **ME.** mitto iam osculari atque amplexari: id nil puto. 900
CH. quid est quod ampliu' simuletur? **ME.** vah. **CH.** quid est? **ME.** audi
modo.
est mihi ultimis conclave in aedibus quoddam retro:
huc est intro latu' lectu', vestimentis stratus est.
CH. quid postquam hoc est factum? **ME.** dictum factum huc abiit

Clitipho.

CH. solu'? **ME.** solu'. **CH.** timeo. **ME.** Bacchi' consecutast ilico.　　905
CH. sola? **ME.** sola. **CH.** perii. **ME.** ubi abiere intro, operuere
ostium. **CH.** hem
Clinia haec fieri videbat? **ME.** quidni? mecum una simul.
CH. fili est amica Bacchi': Menedeme, occidi.
ME. quam ob rem? **CH.** decem dierum vix mi est familia.
ME. quid istuc times quod ille operam amico dat suo?　　910
CH. immo quod amicae. **ME.** si dat. **CH.** an dubium id tibist?
quemquamne animo tam com[mun]i esse aut leni putas
qui se vidente amicam patiatur suam . . ? **ME.** ah
quidni? quo verba facilius dentur mihi.
CH. derides merito. mihi nunc ego suscenseo:　　915
quot res dedere ubi possem persentiscere,
ni essem lapis! quae vidi! vae misero mihi!
at ne illud haud inultum, si vivo, ferent!
nam iam . . **ME.** non tu te cohibes? non te respicis?
non tibi ego exempli sati' sum? **CH.** prae iracundia,　　920
Menedeme, non sum apud me. **ME.** tene istuc loqui!
nonne id flagitiumst te aliis consilium dare,
foris sapere, tibi non posse te auxiliarier?
CH. quid faciam? **ME.** id quod me fecisse aiebas parum.
fac te patrem esse sentiat; fac ut audeat　　925
tibi credere omnia, abs te petere et poscere,
nequam aliam quaerat copiam ac te deserat.
CH. immo abeat multo malo quovis gentium
quam hic per flagitium ad inopiam redigat patrem.
nam si illi pergo suppeditare sumptibus,　　930
Menedeme, mihi illaec vere ad rastros res redit.
ME. quot incommoditates in hac re capies, nisi caves!
difficilem te esse ostendes et ignosces tamen
post, et id ingratum. **CH.** ah nescis quam doleam. **ME.** ut lubet.
quid hoc quod rogo, ut illa nubat nostro? nisi quid est　　935
quod mage vis. **CH.** immo et gener et adfines placent.
ME. quid doti' dicam te dixisse filio?
quid obticuisti? **CH.** dotis? **ME.** ita dico. **CH.** ah. **ME.** Chreme,
nequid vereare, si minu': nil nos dos movet.
CH. duo talenta pro re nostra ego esse decrevi satis;　　940
sed ita dictu opus est, si me vis salvom esse et rem et filium,
me mea omnia bona doti dixisse illi. **ME.** quam rem agis?

CH. id mirari te simulato et illum hoc rogitato simul
quam ob rem id faciam. **ME.** quin ego vero quam ob rem id facias
nescio.
CH. egone? ut eius animum, qui nunc luxuria et lascivia   945
diffluit, retundam redigam, ut quo se vortat nesciat.
ME. quid agi'? **CH.** mitte: sine me in hac re gerere mihi
morem. **ME.** sino:
itane vis? **CH.** ita. **ME.** fiat. **CH.** ac iam uxorem ut accersat paret.
hic ita ut liberos est aequom dictis confutabitur;
sed Syrum . . **ME.** quid eum? **CH.** egone si vivo adeo exornatum
dabo,   950
adeo depexum ut dum vivat meminerit semper mei;
qui sibi me pro deridiculo ac delectamento putat.
non, ita me di ament, auderet facere haec viduae mulieri
quae in me fecit.

Clitipho Menedemvs Chremes Syrvs
V.ii

CL. Itane tandem quaeso, Menedeme? ut pater
tam in brevi spatio omnem de me eiecerit animum patris?   955
quodnam ob facinu'? quid ego tantum sceleris admisi miser?
volgo faciunt. **ME.** scio tibi esse hoc graviu' multo ac durius,
quoi fit; verum ego haud minus aegre patior, id qui nescio
nec rationem capio, nisi quod tibi bene ex animo volo.
CL. hic patrem astare aibas. **ME.** eccum. **CH.** quid me incusas,
Clitipho?   960
quidquid ego huiu' feci, tibi prospexi et stultitiae tuae.
ubi te vidi animo esse omisso et suavia in praesentia
quae essent prima habere neque consulere in longitudinem:
cepi rationem ut neque egeres neque ut haec posses perdere.
ubi quoi decuit primo, tibi non licuit per te mihi dare,   965
abii ad proxumum tibi qui erat; <ei> commisi et credidi:
ibi tuae stultitiae semper erit praesidium, Clitipho,
victu' vestitus quo in tectum te receptes. **CL.** ei mihi!
CH. satius est quam te ipso herede haec possidere Bacchidem.
SY. disperii: scelestu' quantas turbas concivi insciens!   970
CL. emori cupio. **CH.** priu' quaeso disce quid sit vivere.
ubi scies, si displicebit vita, tum istoc utitor.
SY. ere, licetne? **CH.** loquere. **SY.** at tuto. **CH.** loquere. **SY.** quae istast
pravitas

quaeve amentiast, quod peccavi ego, id obesse huic? **CH.** ilicet.
ne te admisce: nemo accusat, Syre, te: nec tu aram tibi   975
nec precatorem pararis. **SY.** quid agi'? **CH.** nil suscenseo
neque tibi nec tibi; nec vos est aequom quod facio mihi.--

Clitipho Syrvs
V.iii

SY. Abiit? vah, rogasse vellem . . **CL.** quid? **SY.** und' mihi peterem
cibum:
ita nos alienavit. tibi iam esse ad sororem intellego.
CL. adeon rem redi<i>sse ut periclum etiam a fame mihi sit, Syre! 980
SY. modo liceat vivere, est spes . . **CL.** quae? **SY.** nos esurituros satis.
CL. inrides in re tanta neque me consilio quicquam adiuvas?
SY. immo et ibi nunc sum et usque id egi dudum dum loquitur pater;
et quantum ego intellegere possum . . **CL.** quid? **SY.** non aberit longius.
CL. quid id ergo? **SY.** sic est: non esse horum te arbitror. **CL.** quid istuc,
Syre?   985
satin sanus es? **SY.** ego dicam quod mi in mentemst: tu diiudica.
dum istis f<ui>sti solu', dum nulla alia delectatio
quae propior esset, te indulgebant, tibi dabant; nunc filia
postquamst inventa vera, inventast causa qui te expellerent.
CL. est veri simile. **SY.** an tu ob peccatum hoc esse illum iratum
putas?   990
CL. non arbitror. **SY.** nunc aliud specta: matres omnes filiis
in peccato adiutrices, auxilio in paterna iniuria
solent esse: id non fit. **CL.** verum dici'. quid ergo nunc faciam, Syre?
SY. suspicionem istanc ex illis quaere, rem profer palam.
si non est verum, ad misericordiam ambos adduces cito,   995
aut scibi' quoiu' [sis]. **CL.** recte suades: faciam.-- **SY.** sat recte hoc mihi
in mentem venit; nam quam maxume huic visa haec suspicio
erit <vera>, quamque adulescens maxume quam in minima spe
situs   997a
erit, tam facillume patri' pacem in leges conficiet suas.
etiam haud scio anne uxorem ducat: ac Syro nil gratiae!
quid hoc autem? senex exit foras: ego fugio. adhuc quod
factumst,   1000
miror non continuo adripi iusse: ad Menedemum hunc pergam.
<eu>m mihi precatorem paro: seni nostro fide nil habeo.

Sostrata Chremes

V.iv

SO. Profecto nisi caves tu homo, aliquid gnato conficies mali;
idque adeo miror, quo modo
tam ineptum quicquam tibi venire in mentem, mi vir, potuerit. 1005
CH. oh pergin mulier esse? nullamne ego rem umquam in vita mea
volui quin tu in ea re mi fueris advorsatrix, Sostrata!
at si rogem iam quid est quod peccem aut quam ob rem hoc facias,
nescias;
in qua re nunc tam confidenter restas, stulta. **SO.** ego nescio?
CH. immo scis, potius quam quidem redeat ad integrum eadem
oratio.   1010
SO. oh iniquos es qui me tacere de re tanta postules.
CH. non postulo iam: loquere: nihilo minus ego hoc faciam tamen.
SO. facies? **CH.** verum. **SO.** non vides quantum mali ex <ea> re excites?
subditum se suspicatur. **CH.** "subditum" <ai>n tu? **SO.** sic erit,
mi vir. **CH.** confitere? **SO.** au te obsecro, istuc inimicis siet.   1015
egon confitear m<eu>m non esse filium, qui sit meus?
CH. quid? metui' ne non, quom velis, convincas esse illum tuom?
SO. quod filia est inventa? **CH.** non: sed, quo mage credundum siet,
id quod consimilest moribus
convinces facile ex te natum; nam tui similest probe;   1020
nam illi nil vitist relictum quin siet itidem tibi;
tum praeterea talem nisi tu nulla pareret filium.
sed ipse egreditur, quam severu'! rem, quom videas, censeas.

Clitipho Sostrata Chremes

V.v

CL. Si umquam ullum f<ui>t tempu', mater, quom ego voluptati tibi
fuerim, dictu' filiu' tuo' vostra voluntate, obsecro   1025
ei(u)s ut memineris atque inopi' nunc te miserescat mei,
quod peto aut quod volo, parentes m<eo>s ut conmonstres mihi.
SO. obsecro, mi gnate, ne istuc in animum inducas tuom
alienum esse te. **CL.** sum. **SO.** miseram me, hoccin quaesisti, obsecro?
ita mihi atque huic sis superstes ut ex me atque ex hoc natus es; 1030
et cave posthac, si me amas, umquam istuc verbum ex te audiam.
CH. at ego, si me metui', mores cave in te esse istos sentiam.
CL. quos? **CH.** si scire vis, ego dicam: gerro iners fraus helluo
ganeo's damnosu': crede, et nostrum te esse credito.
CL. non sunt haec parenti' dicta. **CH.** non, si ex capite sis meo   1035

natus, item ut aiunt Minervam esse ex Iove, <ea> causa magis
patiar, Clitipho, flagitiis t<ui>s me infamem fieri.
SO. di istaec prohibeant! **CH.** deos nescio: ego, quod potero, sedulo.
quaeris id quod habes, parentes; quod abest non quaeris, patri
quo modo obsequare et ut serves quod labore invenerit.   1040
non mihi per fallacias adducere ante oculos .. pudet
dicere hac praesente verbum turpe; at te id nullo modo
facere puduit. **CL.** eheu quam nunc totu' displiceo mihi,
quam pudet! neque quod principium incipiam ad placandum scio.

Menedemvs Chremes Sostrata Clitipho
V.vi

ME. Enimvero Chreme<s> nimi' graviter cruciat adulescentulum 1045
nimi'que inhumane: exeo ergo ut pacem conciliem. optume
ipsos video. **CH.** ehem, Menedeme, quor non accersi iubes
filiam et quod doti' dixi firmas? **SO.** mi vir, te obsecro
ne facias. **CL.** pater, obsecro mi ignoscas. **ME.** da veniam, Chreme:
sine te exorem. **CH.** egon mea bona ut dem Bacchidi dono
sciens?   1050
non faciam. **ME.** at id nos non sinemu'. **CL.** si me vivom vis, pater,
ignosce. **SO.** age, Chreme mi. **ME.** age quaeso, ne tam offirma te,
Chreme.
CH. quid istic? video non licere ut coeperam hoc pertendere.
ME. facis ut te decet. **CH.** <ea> lege hoc adeo faciam, si facit
quod ego hunc aequom censeo. **CL.** pater, omnia faciam: impera. 1055
CH. uxorem ut ducas. **CL.** pater .. ! **CH.** nil audio. **SO.** ad me recipio:
faciet. **CH.** nil etiam audio ipsum. **CL.** perii! **SO.** an dubitas, Clitipho?
CH. immo utrum volt. **SO.** faciet omnia. **ME.** haec dum incipias, gravia
sunt,
dumque ignores; ubi cognori', facilia. **CL.** faciam, pater.
SO. gnate mi, ego pol tibi dabo illam lepidam, quam tu facile
ames,   1060
filiam Phanocratae nostri. **CL.** rufamne illam virginem,
caesiam, sparso ore, adunco naso? non possum, pater.
CH. heia ut elegans est! credas animum ibi esse. **SO.** aliam dabo.
CL. immo, quandoquidem ducendast, egomet habeo propemodum
quam volo. **CH.** nunc laudo, gnate. **CL.** Archonidi huiu' filiam.   1065
SO. perplacet. **CL.** pater, hoc nunc restat. **CH.** quid? **CL.** Syro ignoscas
volo
quae m<ea> causa fecit. **CH.** fiat. **CANTOR.** vos valete et plaudite!

ADELPHOE

C. SVLPICI APOLLINARIS PERIOCHA

Duos cum haberet Demea adulescentulos,
dat Micioni fratri adoptandum Aeschinum,
sed Ctesiphonem retinet. hunc citharistriae
lepore captum sub duro ac tristi patre
frater celabat Aeschinus; famam rei,
amorem in sese transferebat; denique
fidicinam lenoni eripit. uitiauerat
idem Aeschinus ciuem Atticam pauperculam
fidemque dederat hanc sibi uxorem fore.
Demea iurgare, grauiter ferre; mox tamen,
ut ueritas patefacta est, ducit Aeschinus
uitiatam, potitur Ctesipho citharistriam.

PERSONAE

MICIO SENEX
DEMEA SENEX
SANNIO LENO
AESCHINVS ADVLESCENS
BACCHIS MERETRIX
PARMENO SERVOS
SYRVS SERVOS
CTESIPHO ADVLESCENS
SOSTRATA MATRONA
CANTHARA ANVS
GETA SERVOS
HEGIO SENEX
PAMPHILA VIRGO
DROMO PVER.

PROLOGVS

Postquam poeta sensit scripturam suam
ab iniquis obseruari et aduorsarios

rapere in peiorem partem quam acturi sumus,
* * * * * * * * * * * * *

indicio de se ipse erit, uos eritis iudices,
laudin an uitio duci id factum oporteat.
Synapothnescontes Diphili comoediast:
eam Commorientes Plautus fecit fabulam.
in Graeca adulescens est, qui lenoni ieripit
meretricem in prima tabula: eum Plautus locum
reliquit integrum. eum nunc hic sumpsit sibi
in Adelphos, uerbum de uerbo expressum extulit.
eam nos acturi sumus nouam: pernoscite
furtumne factum existumetis an locum
reprehensum, qui praeteritus neclegentiast.
nam quod isti dicunt maliuoli, homines nobilis
hunc adiutare adsidueque una scribere:
quod illi maledictum uehemens esse existumant,
eam laudem hic ducit maxumam, quom illis placet,
qui uobis uniuorsis et populo placent,
quorum opera in bello, in otio, in negotio
suo quisque tempore usust sine superbia.
dehinc ne exspectetis argumentum fabulae:
senes qui primi uenient, ei partem aperient,
in agendo partem ostendent. facite aequanimitas
* * * * * * * * * * * * *

poetae ad scribendum augeat industriam.
MICIO
SENEX
Storax! non rediit hac nocte a cena Aeschinus
neque seruolorum quisquam, qui aduorsum ierant.
profecto hoc uere dicunt: si absis uspiam
atque ibi si cesses, euenire ea satius est,
quae in te uxor dicit et quae in animo cogitat
irata, quam illa quae parentes propitii.
uxor, si cesses, aut te amare cogitat
aut helluari aut potare atque animo obsequi
et tibi bene esse, soli sibi quom sit male.
ego quia non rediit filius quae cogito!
quibus nunc sollicitor rebus! ne aut ille alserit
aut uspiam ceciderit ac praefregerit
aliquid. uah, quemquamne hominem in animum stituere

parare quod sit carius quam ipse est sibi!
atque ex me hic natus non est, sed fratre ex meo.
dissimili is studiost iam inde ab adulescentia.
ego hanc clementem uitam urbanam atque otium
secutus sum et, quod fortunatum isti putant,
uxorem numquam habui. ille contra haec omnia:
ruri agere uitam, semper parce ac duriter
se habere, uxorem duxit, nati filii
duo: inde ego hunc maiorem adoptaui mihi:
eduxi a paruolo, habui, amaui pro meo;
in eo me oblecto: solum id est carum mihi.
ille lit item contra me habeat facio sedulo:
do, praetermitto, non necesse habeo omnia
pro meo iure agere: postremo, alii clanculum
patres quae faciunt, quae fert adulescentia,
ea ne me celet consuefeci filium.
nam qui mentiri aut fallere insuerit patrem
hau dubie tanto magis audebit ceteros.
pudore et liberalitate liberos
retinere satius esse credo quam metu.
haec fratri mecum non conueniunt neque placent
uenit ad me saepe clamans quid agis, Micio?
quor perdis adulescentem nobis? quor amat?
quor potat? quor tu his rebus sumptum suggeris
uestitu nimio indulges? nimium ineptus es.
nimium ipsest durus praeter aequomque et bonum,
o et errat longe mea quidem sententia,
qui imperium credat grauius esse aut stabilius
ui quod fit, quam illud quod amicitia adiungitur.
mea sic est ratio et sic animum induco meum
malo coactus qui suom officium facit,
dum id rescitum iri credit, tantisper cauet:
si sperat fore clam, rursum ad ingenium redit.
ille quem beneficio adiungas ex animo facit,
studet par referre, praesens absensque idem erit.
hoc patriumst, potius consuefacere filium
sua sponte recte facere quam alieno metu:
hoc pater ac dominus interest. hoc qui nequit,
fateatur nescire imperare liberis.
sed estne hic ipsus, de quo agebam? et certe is

nescio quid tristem uideo: credo iam, ut solet
iurgabit. saluom te aduenire, Demea,
gaudemus.

DEMEA MICIO
SENES DUO
DE. Ehem opportune: te ipsum quaerito.
MI. Quid tristis es? **DE.** Rogas me, ubi nobis Aeschinus
sic est, quid tristis ego sim? **MI.** Dixin hoc fore?
quid is fecit? **DE.** Quid ille fecerit? quem neque pudet
quicquam nec metuit quemquam neque legem putat
tenere se ullam. nam illa quae antehac facta sunt
omitto: modo quid dissignauit! **MI.** Quidnam id est?
DE. Fores ecfregit atque in aedis inruit
alienas: ipsum dominum atque omnem familiam
mulcauit usque ad mortem: eripuit mulierem
quam amabat. clamant omnes indignissume
factum esse. hoc aduenienti quot mihi, Micio,
dixere! in orest omni populo. denique,
si conferendum exemplumst, non fratrem re;
uidet operam dare, ruri esse parcum ac sobrium?
nullum huius simile factum. haec quom illi, Micio,
dico, tibi dico: tu illum corrumpi sinis.
MI. Homine inperito numquam quicquam iniustiust,
qui nisi quod ipse fecit nil rectum putat.
DE. Quorsum istuc? **MI.** Quia tu, Demea, haec male iudicas.
non est flagitium, mihi crede, adulescentulum
scortari, neque potare: non est: neque fores
ecfringere. haec si ne,que ego neque tu fecimus,
non siit egestas facere nos: tu nunc tibi
id laudi ducis, quod tunc fecisti inopia.
iniuriumst: nam si esset unde id fieret,
faceremus. et tu illum tuom, si esses homo
sineres nunc facere, dum per aetatem licet,
potius quam, ubi te exspectatum eiecisset foras,
alieniore aetate post faceret tamen.
DE. Pro Iuppiter! tu, homo, adigis me ad insaniam.
non est flagitium facere haec adulescentulum? **MI.** Ah,
ausculta, ne me optundas de hac re saepius.
tuom filium dedisti adoptandum mihi:
is meus est factus: siquid peccat, Demea,

mihi peccat: ego illi maxumam partem fero.
scortatur, potat, olet unguenta? de meo;
fores ecfregit? restituentur; discidit
uestem? resarcietur. est dis gratia,
et est unde haec fiant, et adhuc non molesta sunt.
postremo aut desine aut cedo quemuis arbitrum:
te plura. in hac re peccare ostendam. **DE.** Ei mihi!
pater esse disce ab illis qui uere sciunt.
MI. Natura tu illi pater es, consiliis ego.
DE. Tun consiliis? quicquam.. **MI.** Ah, si pergis, abiero.
DE. Sicine agis? **MI.** An ego totiens de eadem re audiam?
DE. Curaest mihi. **MI.** Et mihi curaest. uerum, Demea,
so curemus aequam uterque partem: tu alterum,
ego item alterum. nam curare ambos propemodum
reposcere illum est quem dedisti. **DE.** Ah, Micio!
MI. Mihi sic uidetur. **DE.** Quid istic? tibi si istuc placet,
profundat perdat pereat! nihil ad me attinet.
iam si uerbum unum posthac.. **MI.** Rursum, Demea,
irascere? **DE.** An non credis? repeton quem dedi?
aegrest; alienus non sum; si obsto.. em desino.
unum uis curem? curo. et est dis gratia,
quom ita lit uolo esse est; tuos iste ipse sentiet
posterius.. nolo in illum grauius dicere. ---
MI. Nec nil neque omnia haec sunt quae dicit; tamen
non nil molesta haec sunt mihi; sed ostendere
me aegre pati illi nolui. nam itast homo:
quom placo, aduorsor sedulo et deterreo,
tamen uix humane patitur; uerum si augeam
aut etiam adiutor sim eius iracundiae,
insaniam profecto cum illo. etsi Aeschinus
non nullam in hac re nobis facit iniuriam.
quam hic non amauit meretricem? aut quoi non dedit
aliquid? postremo nuper (credo iam omnium
taedebat) dixit uelle uxorem ducere.
sperabam iam deferuisse adulescentiam:
gaudebam. ecce autem de integro! nisi quidquid est
uolo scire atque hominem conuenire, si apud forumst.
SANNIO BACCHIS AESCERNVS
LENO MERETRIX ADVLESCENS
PARMENO

SERVOS

SA. Obsecro, populares, ferte misero atque innocenti auxilium:
subuenite inopi. **AE.** Otiose nunciam ilico hic consiste.
quid respectas? nil periclist: numquam, dum ego adero, hic te tanget.
SA. Ego istam inuitis omnibus. **AE.** Quamquamst scelestus, non
committet hodie umquam iterum ut uapulet.
SA. Aesehine, audi, ne te ignarum fuisse dicas meorum morum,
leno ego sum. **AE.** Scio. **SA.** At ita, ut usquam fuit fide quisquam
optuma.
tu quod te posterius purges, hanc iniuriam mihi nolle
factam esse, huius non faciam. crede hoc, ego meum ius persequar:
neque tu uerbis solues umquam, quod mihi re male feceris.
noui ego uostra haec nollem factum: ius iurandum iniuria hae
te esse indignum dabitur, quom ego indignis sim acceptus modis.
AE. Abi prae strenue ac fores aperi. **SA.** Ceterum hoc nihili facis?
AE. f intro nunciam tu. **SA.** Enim non sinam. **AE.** Accede illuc,
Parmeno:
nimium istoc abisti: hic propter hunc adsiste: em sic uolo.
caue nunciam oculos a meis quoquam oculis demoueas tuos,
ne mora sit, si innuerim, quin pugnus continuo in mala haereat.
SA. Istuc uolo ego me ipsum experiri. **AE.** Em serua: omitte mulierem!
SA. O indignum facinus! **AE.** Nisi caues, geminabit. **SA.** Ei misero mihi!
AE. Non innueram; uerum in istam partem potius peccato tamen.
i nunciam---**SA.** Quid hoc rei est? regnumne, Aesehine, hic tu possides?
AE. Si possiderem, ornatus esses ex tuis uirtutibus.
SA. Quid tibi rei mecumst? **AE.** Nil **SA.** Quid? nostin qui sim? **AE.** Non
desidero.
SA. Tetigin tui quicquam? **AE.** Si attigisses, ferres infortunium.
SA. Qui tibi meam magis licet habere, pro qua ego argentum dedi?
responde. **AE.** Ante aedes non fecisse erit melius hic conuitium:
nam si molestus pergis esse, iam intro abripiere atque ibi
usque ad necem operiere loris. **SA.** Loris liber? **AE.** Sic erit.
SA. O hominem inpurum! hicin libertatem aiunt esse aequam
omnibus?
AE. Si satis iam debacchatus es, leno, audi si uis nunciam.
SA. Egon autem debacchatus sum an tu? **AE.** Mitte ista atque ad rem
redi.
SA. Quam rem? quo redeam? **AE.** Iamne me uis dicere id quod ad te
attinet?
SA. Cupio, aequi modo aliquid. **AE.** Vah, leno iniqua me non uolt loqui!

SA. Leno sum, pernicies communis, fateor, adulescentium,
periurus, pestis: tamen tibi a me nulla ortast iniuria.
AE. Nam hercle etiam hoc restat. **SA.** Illuc quaeso redi, quo coepisti,
Aeschine.
AE. Minis uiginti tu illam emisti (quae res tibi uortat male):
argenti tantum dabitur. **SA.** Quid? si ego tIbi illam nolo uendere,
coges me? **AE.** Minume. **SA.** Namque id metui. **AE.** Neque uendundam
censeo,
quae liberast: nam ego liberali illam adsero causa manu.
nunc uide, utrum uis? argentum accipere an causam meditari tuam?
delibera hoc, dum ego redeo, leno.---**SA.** Pro supreme Iuppiter,
minume miror qui insanire occipiunt ex iniuria.
domi me arripuit, uerberauit: me inuito abduxit meam.
ob malefacta haec tantidem emptam postulat sibi tradier.
uerum enim quando bene promeruit, fiat: suom ius postulat.
age iam cupio, si modo argentum reddat. sed ego hoc hariolor:
ubi me dixero dare tanti, testis faciet ilico,
so uendidisse me, de argento somnium: mox: cras redi.
id quoque, si modo reddat, possum ferre, quamquam iniuriumst.
uerum cogito id quod res est: quando eum quaestum occeperis,
accipiunda et mussitanda iniuria adulescentiumst.
sed nemo dabit: frustra ego mecum hanc rationem deputo.
SYRVS SANNIO
SERVOS LENO
SY. Tace, egomet conueniam ipsum: cupide accipiat iam faxo ac bene
dicat secum etiam esse actum. quid istuc, Sannio, est quod te audio
nescio quid concertasse cum ero? **SA.** Numquam uidi iniquius
certationem comparatam, quam quae hodie inter nos fuit:
ego uapulando, ille uerberando, usque ambo defessisumus.
SY. Tua culpa. **SA.** Quid facerem? **SY.** Adulescenti morem gestum
oportuit.
SA. Qui potui melius, qui hodie usque os praebui? **SY.** Age, scis quid
loquar?
pecuniam in loco neclegere maxumum interdumst lucrum. **SA.** Hui!
SY. Metuisti, si nunc de tuo iure concessisses paululum,
o adulescenti esses morigeratus, hominum homo stultissume,
ne non tibi istuc faeneraret. **SA.** Ego spem pretio non emo.
SY. Numquam rem facies: abi, inescare nescis homines, Sannio.
SA. Credo istuc melius esse: uerum ego numquam adeo astutus fui,
quin quidquid possem mallem auferre potius in praesentia.

SY. Noui tuom animum: quasi tanti umquam tibi sint uiginti minae
dum huic obsequare. praeterea autem te a;unt proficisci Cyprum, **SA.**
Hem!
SY. coemisse hinc quae illuc ueheres multa, nauem conductam: hoc
scio,
animus tibi pendet. ubi illim ut spero redieris, tum tu hoc ages.
SA. Nusquam pedem. perii hercle: hac illi spe hoc inceperunt. **SY.**
Timet:
inieci scrupulum homini. **SA.** O scelera: illud uide,
ut in ipso articulo oppressit. emptae mulieres
complures et item hinc alia quae porto Cyprum.
nisi eo ad mercatum uenio, damnum maxumumst.
nunc si hoc omitto ac tum agam ubi illinc rediero,
nihil est; refrixerit res: nunc demum uenis?
quor passus? ubi eras? ut sit satius perdere
quam hic nunc manere tam diu aut tum persequi.
SY. Iamne enumerasti id quod ad te rediturum putes?
SA. Hocine illo dignumst? hocine incipere Aeschinum,
per oppressionem ut hanc mi eripere postulet!
SY. Labascit. unum hoc habeo: uide si satis placet:
potius quam uenias in periclum, Sannio,
seruesne an perdas totum, diuiduom face.
minas decem conradet alicunde. **SA.** Ei mihi,
etiam de sorte nunc uenio in dubium miser?
pudet nihil? omnis dentis labefecit mihi,
praeterea colaphis tuber est totum caput:
etiam insuper defrudet? nusquam abeo. **SY.** Vt lubet:
numquid uis quin abeam? **SA.** Immo hercle hoc quaeso, Syre
utut haec sunt facta, potius quam lites sequar
meum mihi reddatur, saltem quanti emptast. Syre,
scio te antehac non esse usum amicitia mea:
memorem me dices esse et gratum. **SY.** Sedulo
faciam. sed Ctesiphonem uideo: laetus est
de amica. **SA.** Quid quod te oro? **SY.** Paulisper mane.
CTESIPHO SANNIO SYRVS
ADVLESCENS LENO SERVOS
CT. Abs quiuis homine, quomst opus, beneficium accipere gaudeas:
uerum enim uero id demum iuuat, si quem aequomst facere is bene
facit.
o frater frater, quid ego nunc te laudem? satis certo scio:

numquam ita magnifice quicquam dicam, id uirtus quin superet tua.
itaque unam hanc rem me habere praeter alios praecipuam arbitror
fratrem homini nemini esse primarum artium magis principem.
SY. O Ctesipho. **CT.** O Syre, Aeschinus ubist? **SY.** Ellum, te exspectat
domi. **CT.** Hem.
SY. Quid est? **CT.** Quid sit? opera illius, Syre, nunc uiuo: festiuom caput,
qui quom omnis res sibi post putarit esse prae meo commodo,
maledicta, famam, meum laborem et peccatum in se transtulit;
nil pote supra. sed quid foris crepuit? **SY.** Mane mane ipse exit foras.

AESCHINVS CTESIPEO SYRVS SANNIO
ADVLESCENTES DVO SERVOS LENO

AE. Vbi est ille sacrilegus? **SA.** Me quaerit. numquidnam ecfert? occidi:
nil uideo. **AE.** Ehem opportune: te ipsum quaero. quid fit, Ctesipho?
in tutost omnis res: omitte uero tristitiem tuam.
CT. Ego illam hercle facile omitto, quiquidem te habeam fratrem: o mi
Aeschine,
o mi germane! ah uereor coram in os te laudare amplius,
ne id adsentandi magis quam quo habeam gratum facere existumes.
AE. Age inepte, quasi nunc non norimus nos inter nos, Ctesipho.
sed hoc mihi dolet, nos sero rescisse et rem paene in eum locum
redisse, ut si omnes cuperent tibi nil possent auxiliarier.
CT. Pudebat. **AE.** Ah, stultitiast istaec, non pudor: tam ob paruolam
rem paene e patria! turpe dictu. deos quaeso ut istaec prohibeant.
CT. Peccaui. **AE.** Quid ait t;andem nobis Sannio? **SY.** Iam mitis est.
AE. Ego ad forum ibo, ut hunc absoluam: tu i intro ad illam, Ctesipho.
SA. Syre, insta. **SY.** Eamus: namque hic properat in Cyprum. **SA.** Non
tam quidem
quam uis: et iam maneo otiosus hic. **SY.** Reddetur: ne time.
SA. At ut omne reddat. **SY.** Omne reddet: tace modo ac sequere hac.
SA. Sequor.---
CT. Heus heus, Syre. **SY.** Em, quid est? **CT.** Obsecro te hercle, hominem
istum inpurissumum
quam primum absoluitote, ue, si magis irritatus siet,
aliqua hoc permanet ad patrem atque ego tum perpetuo perierim.
SY. Non fiet, bono animo es: tu cum illa te oblecta intus interim
et lectulos iube sterni nobis et parari cetera.
ego iam transacta re conuortam me domum cum opsonio.
CT. Ita, quaeso: quando hoc bene successit, hilare hunc sumamus
diem.

SOSTRATA CANTHARA

MATRONA ANVS

SO. Obsecro, mea nutrix, quid nunc fiet? **CA.** Quid fiat rogas?
recte edepol, spero. **SO.** Modo dolores, mea tu, occipiunt primulum.
CA. Iam nunc times? quasi numquam adfueris, numquam tute
pepereris!
SO. Heu me miseram! habeo neminem,
solae sumus: Geta autem hic non adest, qui arcessat Aeschinum.
CA. Pol is quidem iam hic aderit: nam numquam unum intermittit
diem,
quin semper ueniat. **SO.** Solus mearum miseriarumst remedium.
CA. E re nata melius fieri hau potuit quam factumst, era,
quando uitium oblatumst, quod ad illum attinet potissumum,
talem, tali ingenio atque animo, natum ex tanta familia.
SO. Ita pol res est ut dicis: saluos nobis deos quaeso ut siet.

GETA SOSTRATA CANTHARA
SERVOS MATRONA ANVS

GE. Nunc illud est, quom, si omnia omnes sua consilia conferant
atque huic malo salutem quaerant, auxili nihil adferant,
quod mihique eraeque filiaeque erilist. uae misero mihi!
tot res repente circumuallant se, unde emergi non potest:
uis egestas iniustitia solitudo infamia.
hocine saeclum! o scelera, o genera sacrilega, o hominem inpium,
SO. Me miseram, quidnam est quod sic uideo timidum et properantem
Getam?
GE. quem neque fides neque ius iurandum neque illum misericordia
repressit neque reflexit neque quod partus instabat prope,
o quoi miserae indigne per uim uitium optulerat. **SO.** Non intellego
satis quae loquitur. **CA.** Propius obsecro accedamus, Sostrata. **GE.** Ah
me miserum! uix compos sum animi, ita ardeo iracundia.
nihil est quod malim quam illam totam familiam dari mi obuiam,
ut ego hanc iram in eos euomam omnem, dum aegritudo haec est
recens. satis mi id habeam supplici.
seni animam primum exstinguerem ipsi, qui illud produxit scelus:
tum autem Syrum inpulsorem, uah, quibus illum lacerarem modis!
sublimen medium arriperem et capite pronum in terra statuerem, ut
cerebro dispergat uiam.
ao adulescenti ipsi eriperem oculost posthac praecipitem darem.
ceteros ruerem agerem raperem tunderem et prosternerem.
sed cesso eram hoc malo inpertire propere? **SO.** Reuocemus. Geta! **GE.**
Hem,

quisquis es, sine me. **SO.** Ego sum Sostrata. **GE.** Vbi east? te ipsam quaerito,
te ex:peto: oppido opportune te optulisti mi obuiam.
era . . **SO.** Quid est? quid trepidas? **GE.** Ei mihi. **CA.** Quid festinas, mi Geta?
animam recipe. **GE.** Prorsus **SO.** Quid istuc prorsus ergost? **GE.** periimus.
SO. Eloquere ergo, te obsecro, quid actumst? **GE.** Iam **SO.** Quid iam, Geta?
GE . Aeschinus **SO.** Quid is ergo? **GE.** alienus est ab nostra familia. **SO.** Hem,
perii. qua re? **GE.** Amare occepit aliam. **SO.** Vae miserae mihi!
GE. Neque id occulte fert, a lenone ipsus eripuit palam.
SO. Satin hoc certumst? **GE.** Certum: hisce oculis egomet uidi, Sostrata.
SO. Ah
me miseram! quid iam credas? aut quoi credas? nostrumne Aeschinum!
nostram omnium uitam, in quo nostrae spes opesque omnes sitae!
qui se sine hac iurabat unum numquam uicturum diem!
qui se in sui gremio positurum puerum dicebat patris!
ita obsecraturum, ut liceret hanc sibi uxorem ducere!
GE. Era, lacrumas mitte ac potius quod ad hanc rem opus est porro prospice:
patiamurne an narremus quoipiam? **CA.** Au au, mi homo, sanun es?
an hoc proferendum tibi uidetur usquam? **GE.** Miquidem non placet.
iam primum illum alieno animo a nobis esse res ipsa indicat.
nunc si hoc palam proferimus, ille infitias ibit, sat scio:
tua fama et gnatae uita in dubium ueniet. tum si maxume
fateatur, quom amet aliam, non est utile hanc illi dari.
quapropter quoquo pacto tacitost opus. **SO.** Ah minume gentium:
non faciam. **GE.** Quid ages? **SO.** Proferam. **CA.** Hem, mea Sostrata, uide quam rem agas.
SO. Peiore res loco non potis est esse quam in quo nunc sitast.
primum indotatast: tum praeterea, quae secunda ei dos erat,
periit: nuptum pro uirgine dari non potest. hoc relicuomst:
si infitias ibit, testis mecum est anulus quem amiserat.
postremo quando ego conscia mihi sum, a me culpam esse hanc procul,
neque pretium neque rem ullam intercessisse illa aut me indignam, Geta,

experiar. **GE.** Quid istic? cedo, ut melius dicis. **SO.** Tu quantum potis
abi atque Hegioni cognato huius rem enarrato omnem ordine:
nam is nostro Simulo fuit summus et nos coluit maxume.
GE. Nam hercle alius nemo respicit nos. **SO.** Propera tu, mea Canthara,
curre, obstetricem arcesse, ut quom opus sit ne in mora nobis siet.

DEMEA SYRVS
SENEX SERVOS

DE. Disperii: Ctesiphonem audiui filium
una adfuisse in raptione cum Aeschino.
id misero restat mihi mali, si illum potest,
qui aliquoi reist etiam, eum ad nequitiem adducere.
ubi ego illum quaeram? credo abductum in ganeum
aliquo: persuasit ille inpurus, sat scio.
sed eccum Syrum ire uideo: iam hinc scibo ubi siet.
atqui hercle hic de grege illost: si me senserit
eum quaeritare, numquam dicet carnufex.
o non ostendam id me uelle. **SY.** Omnem rem modo seni
quo pacto haberet ordine enarrauimus.
nil quicquam uidi laetius. **DE.** Pro Iuppiter,
hominis stultitiam! **SY.** Conlaudauit filium;
mihi, qui id dedissem consilium, egit gratias.
DE. Disrumpor. **SY.** Argentum adnumerauit ilico;
dedit praeterea in sumptum dimidium minae:
id distributum sanest ex sententia. **DE.** Em
huic mandes, siquid recte curatum uelis!
SY. Ehem Demea, haud aspex:eram te; quid agitur?
DE. Quid agatur? uostram nequeo mirari satis
rationem. **SY.** Est hercle inepta, ne dicam dolo,
absurda. piscis ceteros purga, Dromo;
gongrum istum maxumum in aqua sinito ludere
tantisper; ubi ego rediero, exossabitur;
prius nolo. **DE.** Haecin flagitia! **SY.** Miquidem non placent,
et clamo saepe. salsamenta haec, Stephanio,
fac macerentur pulcre. **DE.** Di uostram fidem!
utrum studione id sibi habet an laudi putat
fore, si perdiderit gnatum? uae misero mihi!
uidere uideor iam diem illum, quom hinc egens
profugiet aliquo militatum. **SY.** O Demea,
istuc est sapere, non quod ante pedes modost
uidere, sed etiam illa quae futura sunt

prospicere. **DE.** Quid? istaec iam penes uos psaltriast?
SY. Ellam intus. **DE.** Eho, an domist habiturus? **SY.** Credo, ut est
dementia. **DE.** Haecin fieri! **SY.** Inepta lenitas
patris et facilitas praua. **DE.** Fratris me quidem
pudet pigetque. **SY.** Nimium inter uos, Demea,
(non quia ades praesens dico hoc) pernimium interest.
tu quantusquantus mi nisi sapientia es,
ille somnium. sineres uero illum tu tuom
facere haec? **DE.** Sinerem illum? an non sex totis mensibus
prius olfecissem, quam ille quicquam coeperet?
SY. Vigilantiam tuam tu mihi narras? **DE.** Sic siet
modo ut nunc est, quaeso. **SY.** Vt suom quisque esse uolt, itast.
DE. Quid eum? uidistin hodie? **SY.** Tuomne filium?
abigam hunc rus. iam dudum aliquid ruri agere arbitror.
DE. Satin scis ibi esse? **SY.** Oh, quem egomet produxi. **DE.** Optumest:
metui ne haereret hic. **SY.** Atque iratum admodum.
DE. Quid autem? **SY.** Adortus iurgiost fratrem apud forum
de psaltria ista. **DE.** Ain uero? **SY.** Vah, nil reticuit.
nam ut numerabatur forte argentum, interuenit
homo de inprouiso: coepit clamare Aeschine,
haecin flagitia facere te! haec te admittere
indigna genere nostro! **DE.** Oh, lacrumo gaudio.
SY. Non tu hoc argentum perdis, sed uitam tuam.
DE. Saluos sit spero: est similis maiorum suom. **SY.** Hui!
DE. Syre, praeceptorum plenust istorum ille. **SY.** Phy!
domi habuit unde disceret. **DE.** Fit sedulo:
nil praetermitto: consuefacio: denique
inspicere tamquam in speculum in uitas omnium
iubeo atque ex aliis sumere exemplum sibi.
hoc facito. **SY.** Recte sane. **DE.** Hoc fugito. **SY.** Callide.
DE. Hoc laudist. **SY.** Istaec res est. **DE.** Hoc uitio datur.
SY. Probissume. **DE.** Porro autem .. **SY.** Non hercle otiumst
nunc mi auscultandi. piscis ex sententia
nanctus sum: ei mihi ne corrumpantur cautiost:
nam id nobis tam flagitiumst quam illa, Demea,
non facere uobis, quae modo dixti: et quod queo
conseruis ad eundem istunc praecipio modum:
hoc salsumst, hoc adustumst, hoc lautumst parum:
illud recte: iterum sic memento. sedulo
moneo, quae possum pro mea sapientia:

postremo tamquam in speculum in patinas, Demea,
inspicere iubeo et moneo quid facto usus sit.
inepta haec esse, nos quae facimus, sentio;
uerum quid facias? ut homost. ita morem geras.
numquid uis? **DE.** Mentem uobis meliorem dari.
SY. Tu rus hinc ibis? **DE.** Recta. **SY.** Nam quid tu hic agas?
ubi siquid bene praecipias, nemo optemperet. ---
DE. Ego uero hinc abeo, quando is, quam ob rem huc ueneram,
rus abiit: illum curo unum, ille ad me attinet.
quando ita uolt frater, de istoc ipse uiderit.
sed quis illic est, quem uideo procul? estne Hegio
tribulis noster? si satis cerno, is est hercle: uah,
homo amicus nobis iam inde a puero (o di boni,
ne illius modi iam magna nobis ciuium
penuriast) homo antiqua uirtute ac fide.
haud cito mali quid ortum ex hoc sit publice.
quam gaudeo, ubi etiam huius generis reliquias
restare uideo! ah, uiuere etiam nunc lubet.
opperiar hominem hic, ut salutem et conloquar.

HEGIO DEMEA GETA PAMPHILIA
SENES DVO SERVOS VIRGO

HE. Pro di inmortales, facinus indignum, Geta,
quod narrast **GE.** Sic est factum. **HE.** EX illan familia
tam inliberale esse ortum facinus! o Aeschine,
pol haud paternum istuc dedisti. **DE.** Videlicet
de psaltria hae audiuit: id illi nunc dolet
alieno. at pater? is nihili pendit: ei mihi,
utinam hic prope adesset alicubi atque audiret haec!
HE. Nisi facient quae illos aequomst, haud sic auferent.
GE. In te spes omnis, Hegio, nobis sitast:
te solum habemus, tu es patronus, tu pater:
tibi moriens ille nos commendauit senex:
si deseris tu, periimus. **HE.** Caue dixeris:
neque faciam neque me satis pie posse arbitror.
DE. Adibo. saluere Hegionem plurumum
iubeo. **HE.** Oh, te quaerebam ipsum: salue, Demea.
DE. Quid autem? **HE.** Maior filius tuos Aeschinus,
quem adoptandum dedisti fratri, ueque boni
neque liberalis functus officiumst uiri.
DE. Quid istuc est? **HE.** Nostrum amicum uoras Simulum

aequalem? **DE.** Quid ni? **HE.** Filiam eius uirginem
uitiauit. **DE.** Hem! **HE.** Mane: nondum audisti, Demea,
quod est grauissumum. **DE.** An quicquam etiam est amplius?
HE. Vero amplius: nam hoc quidem ferundum aliquo modost:
amor persuasit, nox uinum adulescentia:
humanumst. ubi scit factum, ad matrem uirginis
uenit ipsus ultro lacrumans orans obsecrans
fidem dans, iurans se illam ducturum domum.
ignotumst, tacitumst, creditumst. uirgo ex eo
compressu grauidast facta (hic mensis decumus est).
ille bonus uir nobis psaltriam, si dis placet,
parauit quicum uiuat, illam deserit.
DE. Pro certon tu istaec dicis? **HE.** Mater uirginis
in mediost, ipsa uirgo, res ipsa, hic Geta
praeterea, ut captust seruolorum, non malus
neque iners: alit illas, solus omnem familiam
sustentat: hunc abduce, uinci, quaere rem.
GE. Immo hercle extorque, nisi ita factumst, Demea;
postremo non negabit: coram ipsum cedo.
DE. Pudet: nec quid agam nec quid huic respondeam
scio. **PA.** (intus) Me miseram, differor doloribus.
Iuno Lucina, fer opem: serua me obsecro. **HE.** Hem,
numnam illa quaeso parturit? **GE.** Certe, Hegio.
HE. Em illaec fidem nunc uostram inplorat, Demea:
quod ilis uos cogit, id uoluntate inpetret.
haec primum ut fiant deos quaeso ut uobis decet.
sin aliter animus uoster est, ego, Demea,
summa ui defendam hanc atque illum mortuom.
cognatus mihi erat: una a pueris paruolis
sumus educti: una semper militiae et domi
fuimus: paupertatem una pertulimus grauem.
quapropter nitar faciam experiar, denique
animam relinquam potius quam illas deseram.
quid mihi respondes? **DE.** Fratrem conueniam, Hegio.
HE. Sed, Demea, hoc tu facito cum animo cogites:
quam uos facillume agitis, quam estis maxume
potentes dites fortunati nobiles,
tam maxume uos aequa aequo animo noscere
oportet, si uos uoltis perhiberi probos.
DE. Redito. fient quae fieri aequomst omnia.

HE. Decet te facere. Geta, duc me intro ad Sostratam.---
DE. Non me indicente haec fiunt: utinam hic sit modo
defunctum! uerum nimia illaec licentia
profecto euadet in aliquod magnum malum.
ibo ac requiram fratrem, ut in eum haec euomam.

HEGIO

SENEX

Bono animo fac sis, Sostrata, et istam quod potis
fac consolere. ego Micionem, si apud forumst,
conueniam atque ut res gestast narrabo ordine:
si est, is facturus ut sit officium suom,
faciat: sin aliter de hac re est eius sententia,
respondeat mi, ut quid agam quam primum sciam.

CTESIPHO SYRVS

ADVLESCENS SERVOS

CT. Ain patrem hinc abisse rus? **SY.** Iam dudum. **CT.** Dic sodes. **SY.**
Apud uillamst
nunc quom maxume operis aliquid facere credo **CT.** Vtinam quidem!
quod cum salute eius fiat, ita se defetigarit uelim,
ut triduo hoc perpetuo prorsum e lecto nequeat surgere.
SY. Ita fiat, et istoc siqui potis est rectius. **CT.** Ita: nam hunc diem
misere nimis cupio, ut coepi, perpetuom m laetitia degere.
et illud rus nulla alia causa tam male odi, nisi quia propest: quod si
abesset longius,
prius nox oppressisset illi, quam huc reuorti posset iterum.
nunc ubi me illi non uidebit, iam huc recurret. sat scio
rogitabit me, ubi fuerim: ego hoc te toto non uidi die:
quid dicam? **SY.** Nilne in mentemst? **CT.** Numquam quicquam. **SY.**
Tanto nequior.
cluens amicus hospes nemost uobis? **CT.** Sunt: quid postea?
SY. Hisce opera ut data sit. **CT.** Quae non data sit? non potest fieri. **SY.**
Potest.
CT. Interdius: sed si hic pernocto, causae quid dicam, Syre?
SY. Vah, quam uellem etiam noctu amicis operam mos esset dari!
quin tu otiosus esto: ego illius sensum pulcre calleo.
quom feruit maxume, tam placidum quam ouem reddo **CT.** Quo modo?
SY. Laudari per te audit lubenter: facio te apud illum deum:
uirtutes narro. **CT.** Meas? **SY.** Tuas: homini ilico lacrumae cadunt
quasi puero gaudio. em tibi autem! **CT.** Quidnam est? **SY.** Lupus in
fabula.

CT. Pater est? **SY.** Is est ipsus. **CT.** Syre, quid agimus? **SY.** Fuge modo
intro, ego uidero.
CT. Siquid rogabit, nusquam tu me: audistin? **SY.** Potin ut desinas?
DEMEA CTESIPHO SYRVS
SENEX ADVLESCENS SERVOS
DE. Ne ego homo sum infelix: fratrem nusquam inuenio gentium:
praeterea autem, dum illum quaero, a uilla mercennarium
uidi: is filium negat esse ruri: nec quid agam scio.
CT. Syre! **SY.** Quid est? **CT.** Men quaerit? **SY.** Verum.
CT. Perii. **SY.** Quin tu animo bono es.
DE. Quid hoc malum infelicitatis! nequeo satis decernere
nisi me credo huic esse natum rei, ferundis miseriis.
primus sentio mala nostra: primus rescisco omnia:
primus porro obnuntio: aegre solus, siquid fit, fero.
SY. Rideo hunc: primum ait se scire: is solus nescit omnia.
DE. nunc redeo: si forte frater redierit uiso. **CT.** Syre,
obsecro, uide ne ille huc prorsus se inruat. **SY.** Etiam taces?
ego cauebo. **CT.** Numquam hercle hodie ego istuc committam tibi:
nam me iam in cellam aliquam cum illa concludam: id tutissumumst.

SY. Age, tamen ego hunc amouebo. **DE.** Sed eccum sceleratum Syrum.
SY. Non hercle hic qui uolt durare quisquam, si sic fit, potest.
scire equidem uolo, quot mihi sint domini: quae haec est miseria!
DE. Quid ille gannit? quid uolt? quid ais, bone uir? est frater domi?
SY. Quid malum bone uir mihi narras? equidem perii. **DE.** Quid tibi
est?
SY. Rogitas? Ctesipho me pugnis miserum et istam psaltriam
usque occidit. **DE.** Hem, quid narras? **SY.** Em uide ut discidit labrum.
DE. Quam ob rem? **SY.** Me inpulsore hanc emptam esse ait. **DE.** Non tu
eum rus hinc modo
produxe aibas? **SY.** Factum: uerum uenit post insaniens:
nil pepercit. non puduisse uerberare hominem senem!
quem ego modo puerum tantillum inmanibus gestaui meis.
DE. Laudo: Ctesipho, patrissas: abi, uirum te iudico.
SY. Laudas? ne ille continebit posthac, si sapiet, manus.
DE. Fortiter. **SY.** Perquam, quia miseram mulierem et me seruolum,
qui referire non audebam, uicit: hui, perfortiter.
DE. Non potuit melius. idem quod ego sensit, te esse huic rei caput.
sed estne frater intus? **SY.** Non est. **DE.** Vbi illum inueniam cogito.
SY. Scio ubi sit, uerum hodie numquam monstrabo. **DE.** Hem, quid ais?

SY. Ita.

DE. Dimminuetur tibi quidem iam cerebrum. **SY.** At nomen nescio
illius hominis, sed locum noui ubi sit. **DE.** Dic ergo locum.

SY. Nostin porticum apud macellum hac deorsum? **DE.** Quid ni
nouerim?

SY. Praeterito recta platea sursum hanc: ubi eo ueneris,
cliuos deorsum uorsum est: istac praecipitato; postea
est ad hanc manum sacellum: ibi angiportum propter est,

DE. Quanam? **SY.** Illi ubi etiam caprificus magna est. **DE.** Noui. **SY.** Hac
pergito.

DE. Id quidem angiportum non est peruium. **SY.** Verum hercle: uah,
censen hominem me esse? erraui: in porticum rursum redi:
sane hac multo propius ibis et minor est erratio.
scin Cratini huius ditis aedes? **DE.** Scio. **SY.** Vbi eas praeterieris,
ad sinistram hac recta platea; ubi ad Dianae ueneris,
ito ad dextram: prius quam ad portam uenias, apud ipsum lacum
est pistrilla, ei exaduorsum fabrica: ibist. **DE.** Quid ibi facit?

SY. Lectulos illi salignis pedibus faciundos dedit.

DE. Vbi potetis uos? bene sane. sed cesso ad eum pergere. ---

SY. I sane: ego te exercebo hodie, ut dignus es, silicernium.
Aeschinus otiose cessat; prandium corrumpitur;
Ctesipho autem in amorest totus. ego iam prospiciam mihi:
nam iam abibo atque unum quidquid, quod quidem erit bellissumum,
carpam et cyathos sorbilans paulatim hunc producam diem.

MICIO HEGIO
SENES DVO

MI. Ego in hac re nil reperio, quam ob rem lauder tanto opere, Hegio.
Meum officium facio: quod peccatum a nobis ortumst corrigo.
nisi si me in illo credidisti esse hominum numero, qui ita putant,
sibi fieri iniuriam ultro, si quam fecere ipsi expostules,
et ultro accusant. id quia a me non est factum, agis gratias?

HE. Ah, minume: numquam te aliter atque es esse animum induxi
meum.
sed quaeso, Micio, Vt mecum una eas ad matrem uirginis
atque istaec eadem mihi quae dixti tute dicas mulieri:
suspitionem hanc propter fratrem esse: eius esse illam psaltriam.
nam et illi iam releuabis animum, quae dolore ac miseria
tabescit, et tuom officium fueris functus. sed si aliter putas,
egomet narrabo quae mihi dixti. **MI.** Immo ego ibo. **HE.** Bene facis:
omnes, quibus res sunt minus secundae, magis sunt nescio quo modo

suspitiosi: ad contumeliam omnia accipiunt magis:
propter suam inpotentiam se semper credunt ludier.
quapropter te ipsum purgare ipsi coram placabilius est.
MI. Et recte et uerum dicis. **HE.** Sequere me ergo
hac intro. MI. Maxume.

AESCHINVS
ADVLESCENS

Discrucior animi: hocin mihi mali de inprouiso obici
tantum ut neque quid ego de me faciam nec quid agam certum siet!
membra mihi metu debilia sunt: animus timore oh stipuit: pectori
consistere
nil consili quit. quo modo hac me expediam turba? tanta nunc
suspitio de me incidit: uah, neque ea inmerito: Sostrata
credit mihi me psaltriam emisse hanc: id anus mi indicium fecit.
nam ut hinc forte ea ad obstetricem erat missa, ubi eam uidi, ilico
accedo: rogito, Pamphila quid agat, iam partus adsiet
eone obstetricem arcessat. illa exclamat abi, abi iam, Aeschine:
satis diu dedisti uerba, sat adhuc tua nos frustratast fides.
"hem, quid istuc obsecro" inquam "est?" ualeas, habeas illam quae
placet.
sensi ilico id illas suspicari: sed me reprehendi tamen,
nequid de fratre garrulae illi dicerem ac fieret palam.
nunc quid faciam? dicam fratris esse hanc? quod minumest opus
usquam ecferri. age mitto: fieri potis est ut nequa exeat.
ipsum id metuo ut credant: tot concurrunt ueri similia:
egomet rapui ipse, egomet solui argentum, ad me abductast domum.
haec adeo mea culpa fieri fateor. non me hanc rem patri,
utut erat gesta, indicasse! exorassem ut eam ducerem.
cessatum usque adhuc est: nunc porro, Aeschine, expergiscere!
nunc hoc primumst: ad illas ibo, ut purgem me. accedam ad fores.
perii: horresco semper, ubi pultare hasce occipio miser.
heus heus! Aeschinus sum ego. aperite aliquis actutum ostium.
prodit nescio quis: concedam huc.

MICIO AESCHINVS
SENEX ADVLESCENS

MI. Ita uti dixi, Sostrata,
facite: ego Aeschinum conueniam, ut quo modo acta haec sint sciat.
sed quis ostium hoc pultauit? **AE.** Pater hercle est, perii. **MI.** Aeschine,
AE. Quid huic hic negotist? **MI.** tune has pepulisti fores?
tacet. quor non ludo hunc aliquantisper? melius est,

quandoquidem hoc numquam mi ipse uoluit credere.
nil mihi respondes? **AE.** Non equidem istas, quod sciam.
MI. Ita? nam mirabar, quid hic negoti esset tibi.
erubuit: salua res est. **AE.** Die sodes, pater,
o tibi uero quid istic est re;? **MI.** Nil mihi quidem.
amicus quidam me a foro abduxit modo
huc aduocatum sibi. **AE.** Quid? **MI.** Ego dicam tibi.
habitant hic quaedam mulieres pauperculae:
ut opinor eas non nosse te, et certo scio:
neque enim diu huc migrarunt. **AE.** Quid tum postea?
MI. Virgo est cum matre. **AE.** Perge. **MI.** Haec uirgo orbast patre:
hic meus amicus illi generest proxumus:
huic leges cogunt nubere hanc. **AE.** Perii. **MI.** Quid est?
AE. Nil: recte: perge. **MI.** Is uenit ut secum auehat:
nam habitat Mileti. **AE.** Hem, uirginem ut secum auehat?
MI. Sic est. **AE.** Miletum usque obsecro? **MI.** Ita. **AE.** Animo malest.
quid ipsae? quid aiunt? **MI.** Quid illas censes? nihil enim.
commentast mater esse ex alieno uiro
nescio quo puerum natum: neque eum nominat:
priorem esse illum, non oportere huic dari.
AE. Eho, nonne haec iusta tibi uidentur poscier?
MI. Non. **AE.** Obsecro non? an illam hinc abducet, pater?
MI. Quid illam ni abducat? **AE.** Factum a uobis duriter
inmisericorditerque atque etiam, si est, pater,
dicendum magis aperte, inliberaliter.
MI. Quam ob rem? **AE.** Rogas me? quid illi tandem creditis
fore animi misero, quicum ea consueuit prius
(qui infelix hauscio an illam misere nunc amet),
quom hanc sibi uidebit praesens praesenti eripi
abduci ab oculis? facinus indig,num, pater!
MI. Qua ratione istuc? quis despondit? quis dedit?
quoi quando nupsit? auctor his rebus quis est?
quor duxit alienam? **AE.** An sedere oportuit
domi uirginem tam grandem, dum cognatus huc
illim ueniret exspectantem? haec, mi pater,
te dicere aequom fuit et id defendere.
MI. Ridiculum: aduorsumne illum causam dicerem,
quoi ueneram aduocatus? sed quid ista, Aeschine
nostra? aut quid nobis cum illis? abeamus. quid est?
quid lacrumas? **AE.** Pater, obsecro, ausculta. **MI.** Aeschine, audiui

omnia

et scio: nam te amo: quo magis quae agis curae sunt mihi.
AE. Ita uelim me promerentem ames dum uiuas, mi pater,
ut me hoc delictum admisisse in me, id mihi uehemeuter dolet
et me tui pudet. **MI.** Credo hercle: nam ingenium noui tuom
liberale; sed uereor ne indiligens nimium sies.
in qua civitate tandem te arbitrare uiuere?
uirginem uitiasti, quam te ius non fuerat tangere.
iam id peccatum primum magnum, magnam, at humanum tamen:
fecere alii saepe item boni. at postquam euenit, cedo
numquid circumspexti? aut numquid tute prospexti tibi,
quid fieret? qua fieret? si te ipsum mihi puduit proloqui,
qua resciscerem? haec dum dubitas, menses abierunt decem.
prodidisti et te ex illam miseram et gnatum, quod quidem in te fuit.
quid? credebas dormienti haec tibi confecturos deos?
et illam sine tua opera in cubiculum iri deductum domum?
nolim ceterarum rerum te socordem eodem modo.
bono animo es, duces uxorem hanc. **AE.** Hem! **MI.** Bono, inquam,
animo es. **AE.** Pater
obsecro, num ludis nunc tu me? **MI.** Ego te? quam ob rem? **AE.** Nescio:
quia tam misere hoc esse cupio uerum, eo uereor magis.
MI. Abi domum ac deos comprecare, ut uxorem arcessas: abi.
AE. Quid? eam uxorem? **MI.** Eam. **AE.** Iam? **MI.** iam
quantum potis. **AE.** Di me, pater,
omnes oderint, ni magis te quam oculos nunc ego amo meos.
MI. Quid? quam illam? **AE.** Aeque. **MI.** Perbenigne. **AE.** Quid? ille ubist
Milesius?
MI. Periit, abiit, nauem ascendit; sed quor cessas? **AE.** Abi, pater,
tu potius deos comprecare: nam tibi eos certo scio,
quo uir melior multo es quam ego, optemperaturos magis.
MI. Ego eo intro, ut quae opus sunt parentur: tu fac ut dixi, si sapis.---
AE. Quid hoc est negoti? hoc est patrem esse aut hoc est filium esse?
si fr&ter aut sodalis esset, qui magis morem gereret.?
hic non amandust? hicine non gestandus in sinust? hem:
itaque adeo magnam mi inicit sua commoditate curam,
ne inprudens faciam forte quod nolit; sciens cauabo.
sed cesso ire intro, ne morae meis nuptiis egomet sim?
DEMEA
SENEX
Defessus sum ambulando: ut, Syre, te cum tua

monstratione magnus perdat Iuppiter!
perreptaui usque omne oppidum: ad portam, ad lacum,
quo non? neque illi ulla fabrica erat nec fratrem homo
uidisse se aibat quisquam. nunc uero domi
certum obsidere est usque donec redierit.

MICIO DEMEA

SENES DVO

MI. Ibo, illis dicam nullam esse in nobis moram
DE. Sed eccum ipsum. te iam dudum quaero, Micio.
MI. Quidnam? **DE.** Fero alia flagitia ad te ingentia
boni illius adulescentis. **MI.** Ecce autem **DE.** Noua
capitalia. **MI.** Ohe iam! **DE.** Nescis qui uir sit. **MI.** Scio.
DE. O stulte, tu de psaltria me somnias
agere: hoc peccatum in uirginemst ciuem. **MI.** Scio.
DE. Eho, scis et patere? **MI.** Quid ni patiar? **DE.** Dic mihi,
non clamas? non insanis? **MI.** Non. **DE.** Malim quidem.
puer natust. **MI.** Di bene uortant! **DE.** Virgo nihil habet.
MI. Audiui. **DE.** Et ducenda indotatast. **MI.** Scilicet.
DE. Quid nunc futurumst? **MI.** Id enim quod res ipsa fert:
illinc huc transferetur uirgo. **DE.** O Iuppiter,
istocin pacto oportet? **MI.** Quid faciam amplius?
DE. Quid facias? si non eapse re tibi istuc dolet,
simulare certe. est hominis. **MI.** Quin iam uirginem
despondi, res compositast, fiunt nuptiae,
dempsi metum omnem: haec magis sunt hominis. **DE.** Ceterum
placet tibi factum, Micio? **MI.** Non, si queam
mutare. nunc quom non queo, aequo animo fero.
ita uitast hominum, quasi quom ludas tesseris:
si illud quod maxume opus est iactu non cadit,
illud quod cecidit forte, id arte ut corrigas.
DE. Corrector! nempe tua arte uiginti minae
pro psaltria periere: quae quantum potest
aliquo abiciundast, si non pretio, gratiis.
eque est neque illam sane studeo uendere.
DE. Quid igitur facies? **MI.** Domi erit. **DE.** Pro diuom fidem,
meretrix et mater familias una in domo?
MI. Quor non? **DE.** Sanum te credis esse? **MI.** Equidem arbitror.
DE. Ita me di ament, ut tuam ego uideo ineptiam,
facturum credo, ut habeas quicum cantites.
MI. Quor non? **DE.** Et noua nupta eadem haec discet. **MI.** Scilicet.

DE. Tu inter eas restim ductans saltabis. **MI.** Probe.
DE. Probe? **MI.** Et tu nobiscum una, si opus sit. **DE.** Ei mihi!
non te haec pudent? **MI.** Iam uero omitte, Demea,
tuam istanc iracundiam atque ita uti decet
hilarum ac lubentem fac te gnati in nuptiis.
ego hos conuenio: post huc redeo.---**DE.** O Iuppiter,
hancin uitam! hoscin mores! hanc dementiam!
uxor sine dote ueniet, intus psaltriast,
domus sumptuosa, adulescens luxu perditus,
senex delirans. ipsa si cupiat Salus,
seruare prorsus non potest hanc familiam.

SYRVS DEMEA
SERVOS SENEX

SY. Edepol, Syrisce, te curasti molliter
lauteque munus administrasti tuom.
abi. sed postquam intus sum omnium rerum satur,
prodambulare hic lubitumst. **DE.** Illud sis uide:
exemplum disciplinae eccum. **SY.** Ecce autem hic adest
senex noster. quid fit? quid tu es tristis? **DE.** Oh, scelus!
SY. Ohe iam: tu uerba fundes hic sapientia?
DE. Tu si meus esses.. **SY.** Dis quidem esses, Demea,
ac tuam rem constabilisses. **DE.** Exemplo omnibus
curarem ut esses. **SY.** Quam ob rem? quid feci? **DE.** Rogas?
in ipsa turba atque in peccato maxumo,
quod uix sedatum satis est, potasti, scelus,
quasi re bene gesta. **SY.** Sane nollem huc exitum.

DROMO DEMEA SYRVS
PVER SENEX SERVOS

DR. Heus Syre, rogat te Ctesipho ut redeas. **SY.** Abi.---
DE. Quid Ctesiphonem hic narrat? **SY.** Nil. **DE.** Eho, carnufex,
est Ctesipho intus? **SY.** Non est. **DE.** Quor hic nominat?
SY. Est alius quidam, parasitaster paululus:
nostin? **DE.** Iam scibo. **SY.** Quid agis? quo abis? **DE.** Mitte me.
SY. Noli inquam. **DE.** Non manum abstines, mastigia?
an tibi iam mauis cerebrum dispergam hic?---**SY.** Abit.
edepol comissatorem haud sane commodum,
praesertim Ctesiphoni! quid ego nunc agam?
nisi, dum hae silescunt turbae, interea in angulum
aliquo abeam atque edormiscam hoc uilli. sic agam.

MICIO DEMEA

SENES DVO

MI. Parata a nobis sunt, ita ut dixi, Sostrata:
ubi uis.. quisnam a me pepulit tam grauiter fores?
DE. Ei mihi, quid faciam? quid agam? quid clamem aut querar?
o caelum, o terra, o maria Neptuni! **MI.** Em tibi,
resciuit omnem rem: id nunc clamat. scilicet,
paratae lites: succurrendumst. **DE.** Eccum adest
communis corruptela nostrum liberum.
MI. Tandem reprime iracundiam atque ad te redi.
DE. Repressi, redii, mitto maledicta omnia:
rem ipsam putemus. dictum hoc inter nos fuit
(ex te adeost ortum), ne tu curares meum
neue ego tuom? responde, factumst? **MI.** Non nego.
DE. Quor nunc apud te potat? quor recipis meum?
quor emis amicam, Micio? numqui minus
mihi idem ius tecum ipse aequomst quod mecumst tibi?
quando ego tuom non curo, ne cura meum.
MI. Non aequom dicis. **DE.** Non? **MI.** Nam uetus uerbum hoc quidemst,
communia esse amicorum inter se omnia.
DE. Facete: nunc demum istaec nata oratiost.
MI. Ausculta paucis, nisi molestumst, Demea.
principio, si id te mordet, sumptus filii
quos faciunt, quaeso hoc facito tecum cogites:
tu illos duo olim pro re tollebas tua
quod satis putabas tua bona ambobus fore,
et me tum uxorem credidisti scilicet
ducturum: eandem illam rationem antiquam optine:
conserua, parce, quaere, fac quam plurumum
illis relinquas, gloriam tu istanc tibi.
mea, quae praeter spem euenere, utantur sine.
de summa nil decedet: quod hinc accesserit,
id de lucro putato esse omne. haec si uoles
in animo uere cogitare, Demea,
et mihi et tibi et illis dempseris molestiam.
DE. Mitto rem: consuetudinem ipsorum.. **MI.** Mane:
scio: istuc ibam. multa in homine, Demea,
signa insunt, quibus ex coniectura facile fit,
duo quom idem f:aciunt, saepe ut possis dicere
`hoc licet inpune facere huic, illi non licet',
non quo dissimilis res sit, sed quo is qui facit.

quae ego inesse in illis uideo, ut confidam fore
ita ut uolumus. uideo sapere, intellegere, in loco
uereri, inter se amare. siris liberum
ingenium atque animum: quo uis illos tu die
redducas. at enim metuas, ne ab re sint tamen
omissiores paulo. o noster Demea
ad omnia alia aetate sapimus rectius;
solum unum hoc uiti senectus adfert hominibus:
attentiores sumus ad rem omnes, quam sat est:
quod illos sat aetas acuet. **DE.** Ne nimium modo
bonae tuae istae nos rationes, Micio,
et tuos iste animus aequos subuortat! **MI.** Tace:
non fiet. mitte iam istaec: da te hodie mihi:
exporge frontem. **DE.** Scilicet ita tempus fert,
faciundumst. ceterum ego rus cras cum filio
cum primo luci ibo hinc. **MI.** De nocte, censeo:
hodie modo hilarum fac te. **DE.** Et istam psaltriam
una illuc mecum hinc abstraham. **MI.** Pugnaueris
eo pacto prorsum illi adligaris filium.
modo facito ut illam serues. **DE.** Ego istuc uidero:
atque ibi fauillae plena, fumi ac pollinis
coquendo sit faxo et molendo; praeterhac
meridie ipso faciam ut stipulam conligat;
tam excoctam reddam atque atram quam carbost. **MI.** Placet:
nunc mihi uidere sapere. atque equidem filium
tum etiam si nolit cogam ut. cum illa una cubet.
DE. Derides? fortunatus, qui isto animo sies.
ego sentio.. **MI.** Ah, pergisne? **DE.** Iam iam desino.
MI. I ergo intro, et quoi rei est, ei rei hunc sumamus diem.
DEMEA
SENEX
Numquam ita quisquam bene subducta ratione ad uitam fuit,
quin res aetas usus semper aliquid adportet noui,
aliquid moneat: ut illa quae te scisse credas nescias,
et quae tibi putaris primat in experiundo ut repudies.
quod nunc mi euenit: nam ego uitam duram, quam uixi usque adhuc,
prope iam excurso spatio omitto. id quam ob rem? re eapse repperi
facilitate nihil esse homini melius neque clementia.
id esse uerum ex me atque ex fratre quoiuis facilest noscere.
suam ille semper egit uitam in otio, in conuiuiis,

clemens, placidus, nulli laedere os, adridere omnibus:
sibi uixit, sibi sumptum fecit: omnes bene dicunt, amant.
ego ille agrestis saeuos tristis parcus truculentus tenax
duxi uxorem: quam ibi miseriam uidi! nati filii:
alia cura heia autem, dum studeo illis ut quam plurumum
facerem, contriui in quaerundo uitam atque aetatem meam:
nunc exacta aetate hoc fructi pro labore ab eis fero,
odium; ille alter sine labore patria potitur commoda.
illum amant, me fugitant; illi credunt consilia omnia,
illum diligunt, apud illum sunt ambo, ego desertus sum;
illum ut uiuat optant, meam autem mortem exspectant scilicet.
ita eos meo labore eductos maxumo hic fecit suos
paulo sumptu: ego miseriam omnem capio, hic potitur gaudia.
age age nunc porro experiamur contra ecquid ego possiem
blande dicere aut benigne facere, quando hoc prouocat.
ego quoque a meis me amari et magni pendi postulo.
si id fit dando atque obsequendo, non posteriores feram.
derit? id mea minume re fert, qui sum natu maxumus.

SYRVS DEMEA
SERVOS SENEX

SY. Heus Demea, rogat pater ne abeas longius.
DE. Quis homo? o Syre noster, salue: quid fit? quid agitur?
SY. Recte. **DE.** Optumest: iam nunc haec tria primum addidi
praeter naturam: `o noster, quid fit? quid agitur?'
seruom haud inliberalem praebes te, et tibi
iubens bene faxim. **SY.** Gratiam habeo. **DE.** Atqui, Syre,
hoc uerumst, et re eapse experiere propediem.

GETA DEMEA
SERVOS SENEX

GE. Era, ego huc ad hos prouiso, quam mox uirginem
arcessant. sed eccum Demeam. saluos sies.
DE. O---qui uocare? **GE.** Geta. **DE.** Geta, hominem maxumi
preti te esse hodie iudicaui animo meo:
nam is mihi profectost seruos spectatus satis,
quoi dominus curaest, ita uti tibi sensi, Geta,
et tibi ob eam rem, siquid usus uenerit,
lubens bene faxim. meditor esse adfabilis,
et bene procedit. **GE.** Bonus es, quom haec existumas.
DE. Paulatim plebem primulum facio meam.

AESCHINUS DEMEA SYRVS GETA

ADVLESCENS SENEX SERVI DVO

AE. Occidunt mequidem, dum nimis sanctas nuptias
student facere: in adparando consumunt diem.
DE. Quid agitur, Aeschine? **AE.** Ehem, pater mi, tu hic eras?
DE. Tuos hercle uero et animo et natura pater
qui te amat plus quam hosce oculos. sed quor non domum
uxorem arcessis? **AE.** Cupio; uerum hoc mihi moraest:
tibicina et hymenaeum qui cantent. **DE.** Eho,
uin tu huic seni auscultare? **AE.** Quid? **DE.** Missa haec face
hymenaeum turbam lampadas tibicinas,
atque hanc in horto maceriam iube dirui
quantum potest: hac transfer, unam fac domum:
transduc et matrem et familiam omnem ad nos. **AE.** Placet,
pater lepidissume. **DE.** Euge, iam lepidus uocor.
fratri aedes fient peruiae, turbam domum
adducet, sumptu amittet multa: quid mea?
ego lepidus ineo gratiam. iube nunciam
dinumeret ille Babylo uiginti minas.
Syre, cessas ire ac facere? **SY.** Quid eoo? **DE.** Dirue.
tu illas abi ac transduce. --- **GE.** Di tibi, Demea,
bene faciant, quom te uideo nostrae familiae
tam ex animo factum uelle. **DE.** Dignos arbitror.
quid tu ais? **AE.** Sic opinor. **DE.** Multo rectiust
quam illam puerperam huc nunc duci per uiam
aegrotam. **AE.** Nil enim uidi melius, mi pater.
DE. Sic soleo. sed eccum Micio egreditur foras.

MICIO DEMEA AESCHINVS
SENES DVO ADVLESCENS

MI. Iubet frater? ubi is est? tun iubes hoc, Demea?
DE. Ego uero iubeo et hac re et aliis omnibus
quam maxume unam facere nos hanc familiam,
colere adiuuare adiungere. **AE.** Ita quaeso, pater.
MI. Haud aliter censeo. **DE.** Immo hercle ita nobis decet:
primum huius uxori est mater. **MI.** Est. quid postea?
DE. Proba et modesta. **MI.** Ita; aiunt. **DE.** Natu grandior.
MI. Scio. **DE.** Parere iam diu haec per annos non potest:
nec qui eam respiciat quisquam est: solast. **MI.** Quam hic rem agit?
DE. Hanc te aequomst ducere, et te operam ut fiat dare.
MI. Me ducere autem? **DE.** Te. **MI.** Me? **DE.** Te inquam. **MI.** Ineptis. **DE.**
Si tu sis homo,

hic faciat. **AE.** Mi pater! **MI.** Quid tu autem huic, asine, auscultas? **DE.** Nihil agis:

fieri aliter non potest. **MI.** Deliras. **AE.** Sine te exorem, mi pater.
MI. Insanis: aufer te. **DE.** Age, da ueniam filio. **MI.** Satin sanus es?
ego nouos maritus anno demum quinto et sexagensumo
fiam atque anum decrepitam ducam? idne estis auctores mihi?
AE. Fac: promisi ego illis. **MI.** Promisti autem? de te largitor, puer.
DE. Age, quid siquid te maius oret? **MI.** Quasi non hoc sit maxumum.
DE. Da ueniam. **AE.** Ne grauare. **DE.** Fac, promitte. **MI.** Non omittitis?
AE. Non, nisi te exorem. **MI.** Vis est haec quidem. Age prolixe, Micio.
MI. Etsi hoc mihi prauom ineptum absurdum atque alienum a uita mea
uidetur, si uos tanto opere istuc uoltis, fiat. **AE.** Bene facis.
DE. Merito te amo. uerum quid ego dicam, hoc quom confit quod uolo?
MI. Quid? numquid restat? **DE.** Hegio cognatus his est proxumus,
adfinis nobis, pauper: bene nos aliquid facere illi decet.
MI. Quid facere? **DE.** Agelli est hic sub urbe paulum quod locitas foras:
huic demus qui fruatur. MI. Paulum id autemst? **DE.** Si multumst, tamen
faciundumst: pro patre huic est, bonus est, noster est, recte datur.
postremo nunc meum illud uerbum facio, quod tu, Micio,
bene et sapienter dixti dudum: `uitium commune omniumst,
quod nimium ad rem in senecta attenti sumus'. hanc maculam nos decet
ecfugere: et dictumst uere et re eapse fieri oportet. **AE.** Mi pater!
MI. Quid istic? ager dabitur Hegioni, quandoquidem hic uolt. **AE.** Gaudeo.
DE. Nunc tu mihi es germanus frater pariter animo et corpore.
suo sibi gladio hunc iugulo.

SYRVS DEMEA MICIO AESCHINVS
SERVOS SENES DVO ADULESCENS
SY. Factumst quod iussisti, Demea.
DE. Frugi homo's. ergo edepol hodie mea quidem sententia
iudico Syrum fieri esse aequom liberum. **MI.** Istunc liberum?
quodnam ob factum? **DE.** Multa. **SY.** o noster Demea, edepol uir bonus:
ego istos uobis usque a pueris curaui ambos sedulo;
docui, monui, bene praecepi semper quae potui omnia.
DE. Res apparet: et quidem porro haec, opsonare cum fide,
scortum adducere, adparare de die conuiuium:
non mediocris hominis haec sunt officia. **SY.** O lepidum caput!

DE. Postremo hodie in psaltria ista emunda hic adiutor fuit,
hic curauit: prodesse aequomst. alii meliores erunt.
denique hic uolt fieri. **MI.** Vin tu hoc fieri? **AE.** Cupio. **MI.** Si quidem
tu uis: Syre, eho accede huc ad me: liber esto. **SY.** Bene facis;
omnibus gratiam habeo, et seorsum tibi praeterea, Demea.
DE. Gaudeo. **AE.** Et ego. **SY.** Credo: utinam hoc perpetuom fiat
gaudium,
Phrygiam ut uxorem meam una mecum uideam liberam!
DE. Optumam istam mulierem. **SY.** Et quidem tuo nepoti huius filio
hodie prima mammam dedit haec. **DE.** Hercle uero serio,
siquidem prima dedit, hau dubiumst quin emitti aequom siet.
MI. Ob eam rem? **DE.** Ob eam: postremo a me argentum quantist
sumito.
SY. Di tibi, Demea, omnia omnes semper optata offerant!
MI. Syre, processisti hodie pulcre. **DE.** Siquidem porro, Micio,
hi tuom officium facies, atque huic aliquid paulum prae manu
dederis, unde utatur: reddet tibi cito. **MI.** Istoc uilius.
AE. Frugi homost. **SY.** Reddam hercle, da modo. **AE.** Age, pater! **MI.**
Post consulam.
DE. Faciet. **SY.** O uir optume! **AE.** O pater mi festiuissume!
MI. Quid istuc? quae res tam repente mores mutauit tuos
quod prolubium? quae istaec subitast largitas? **DE.** Dicam tibi:
ut id ostenderem, quod te isti facilem et festiuom putant,
id non fieri ex uera uita neque adeo ex aequo et bono,
sed ex adsentando indulgendo et largiendo, Micio.
nunc adeo si ob eam rem uobis mea uita inuisa, Aeschine, est,
quia non iusta iniusta prorsus omnia omnino obsequor,
missam facio: ecfundite, emite, facite quod uobis lubet.
sed si id uoltis potius, quae uos propter adulescentiam
minus uidetis, magis inpense cupitis, consulitis parum,
haec reprehendere et corrigere quem, obsecundare in loco:
ecce me qui id faciam uobis. **AE.** Tibi, pater, permittimus:
plus scis quod opus factost. sed de fratre quid fiet? **DE.** Sino:
habeat; in istac finem faciat. **MI.** Istuc recte. **CANTOR.** Plaudite.

Also Available from JiaHu Books

Ἰλιάς - The Iliad (Ancient Greek) - 9781909669222

Ὀδύσσεια - The Odyssey (Ancient Greek) -

9781909669260

Ἀνάβασις - Anabasis (Ancient Greek)

9781909669321

Μήδεια – Βάκχαι Medea and Bacchae (Ancient Greek) –
9781909669765

Νεφέλαι – Λυσιστράτη Clouds and Lysistrata (Ancient Greek) -
9781909669956

Metamorphoses – Ovid (Latin) 9781909669352

Satyricon (Latin) - 9781909669789

Metamorphoses – Asinus Aureus (Latin) -

9781909669802

Egils Saga (Old Norse) – 9781909669093

Egils Saga (Icelandic) - 9781909669857

Brennu-Njáls saga (Icelandic) – 9781909669925

Laxdæla Saga (Icelandic) - 9781909669871

अभीज्ञानशाकु न्ताकम्- Recognition of Sakuntala (Sanskrit) -
978909669192

Made in the USA
Middletown, DE
14 November 2020